COMO SER PLENO NUM MUNDO CAÓTICO

PRÁTICAS MINDFULNESS PARA A VIDA REAL

TIM DESMOND

COMO SER PLENO NUM MUNDO CAÓTICO

PRÁTICAS MINDFULNESS PARA A VIDA REAL

TIM DESMOND

Tradução
Flora Pinheiro

Rio de Janeiro, 2020

Copyright © 2019 by Tim Desmond. All rights reserved.
Título original: How to Stay Human in a Fucked-Up World

Todos os direitos desta publicação são reservados à Casa dos Livros Editora LTDA. Nenhuma parte desta obra pode ser apropriada e estocada em sistema de banco de dados ou processo similar, em qualquer forma ou ameio, seja eletrônico, de fotocópia, gravação etc., sem a permissão do detentor do copyright.

Diretora editorial: *Raquel Cozer*
Gerente editorial: *Alice Mello*
Editor: *Ulisses Teixeira*
Copidesque: *Ana Paula Martini*
Preparação de original: *Marcela Ramos*
Revisão: *Anna Beatriz Seilhe*
Capa: *Pete Garceau*
Adaptação de capa: *Guilherme Peres*
Diagramação: *Abreu's System*

CIP-Brasil. Catalogação na Publicação
Sindicato Nacional dos Editores de Livros, RJ

D488c
    Desmond, Tim
        Como ser pleno num mundo caótico: práticas mindfulness para a vida real / Tim Desmond; tradução Flora Pinheiro. – 1. ed. – Rio de Janeiro: Harper Collins, 2020.
        192 p.

        Tradução de: How to stay human in a f*cked up world
        ISBN 978-85-9508-655-5

        1. Meditação – Budismo. 2. Técnicas de autoajuda. 3. Autorrealização. I. Pinheiro, Flora. II. Título.

19-60749   CDD: 158.1
                                                      CDU: 159.923.2

Meri Gleice Rodrigues de Souza - Bibliotecária CRB-7/6439

Os pontos de vista desta obra são de responsabilidade de seu autor, não refletindo necessariamente a posição da HarperCollins Brasil, da HarperCollins Publishers ou de sua equipe editorial.

HarperCollins Brasil é uma marca licenciada à Casa dos Livros Editora LTDA.
Todos os direitos reservados à Casa dos Livros Editora LTDA.
Rua da Quitanda, 86, sala 218 — Centro
Rio de Janeiro, RJ — CEP 20091-005
Tel.: (21) 3175-1030
www.harpercollins.com.br

Este livro é dedicado a todos que se importam tanto com o mundo que estão morrendo por isso.

SUMÁRIO

INTRODUÇÃO 9

CAPÍTULO 1
ALGO MAIS PROFUNDO DO QUE O DESESPERO 13

CAPÍTULO 2
ENCONTRANDO BELEZA NA VIDA 23

CAPÍTULO 3
A ARTE DA INFELICIDADE 31

CAPÍTULO 4
CONHEÇA A SI MESMO 53

CAPÍTULO 5
COMO PRESERVAR SUA HUMANIDADE QUANDO OS OUTROS SÃO BABACAS 65

CAPÍTULO 6
POR QUE COISAS RUINS ACONTECEM? 85

CAPÍTULO 7
A ARTE DE NÃO SER 99

CAPÍTULO 8
A CURA DAS DORES PASSADAS 111

CAPÍTULO 9
VOCÊ NÃO ESTÁ LOUCO 127

CAPÍTULO 10
PERDENDO O MEDO 143

CAPÍTULO 11
**COMUNIDADE COMO REFÚGIO,
COMUNIDADE COMO ARMA** 159

CAPÍTULO 12
SUAS DEZ MIL HORAS 171

POSFÁCIO 189
AGRADECIMENTOS 191

INTRODUÇÃO

Eu estava em uma prisão em São Francisco com alguns amigos. Estávamos em uma cela no centro da cidade, com alguns hematomas, mas nenhum ferimento grave. Antes disso, já tínhamos sido presos juntos em muitos protestos, e sabíamos que levaria algumas horas até que fôssemos liberados. Na época, eu estava fazendo pós-graduação em psicologia e sentia muito orgulho de não ter superado minha fase rebelde (e, enquanto escrevo isto, ainda não superei).

Jogávamos conversa fora, discutindo se o mundo estava ficando melhor ou pior. Meu amigo Erik disse que achava que o mundo estava melhorando. Segundo ele, se você pensasse no mundo em 1850, com escravidão, colonialismo, genocídio de índios americanos e subjugação das mulheres, o presente era melhor. Aquilo fez sentido para mim.

No entanto, para outro amigo, Stephen, o mundo estava ficando pior. Ele lembrou que a riqueza e o poder estão cada vez mais concentrados nas mãos de um número menor de pessoas e perguntou como as coisas poderiam estar melhores se havia grandes chances de o planeta não ser mais habitável em cem anos. Também era um bom argumento.

Enquanto discutiam, fiquei apenas ouvindo. Já tinha presenciado o mesmo debate inúmeras vezes e sempre ficava fascinado. Ambos os pontos de vista, totalmente opostos, me atraíam, e eu me perguntei se os dois poderiam estar corretos. Será que o mundo poderia estar ficando, ao mesmo tempo, melhor e pior?

Também me perguntei como minha atitude poderia mudar se eu finalmente escolhesse um lado. Se eu acreditasse que o mundo estava piorando, será que sentiria que todos os nossos esforços para criar mudanças positivas estariam fadados ao fracasso? Por outro lado, se eu acreditasse que estava melhorando, será que me sentiria apático, pensaria que nosso trabalho era irrelevante?

Apenas um mês antes, eu tinha participado de um retiro de meditação com o mestre zen Thich Nhat Hanh. Durante uma de suas palestras, ele falou sobre o ideal budista de *meios hábeis* — às vezes, o mais importante em uma crença é como ela afeta você. Qual visão de mundo me tornaria uma pessoa melhor? O que me ajudaria a continuar comprometido em trabalhar em prol da mudança?

Depois de muito refletir, concluí que haveria uma justificativa para desistir e outra para persistir, independente do ponto de vista adotado. Talvez os seres humanos estejam evoluindo para algum tipo de consciência mais esclarecida; talvez, desde que deixamos de ser caçadores e coletores, estejamos destruindo tudo o que tocamos. Talvez ambos ou nenhum dos dois. Em última análise, isso não mudaria o que quero fazer da minha vida.

Há uma imensa quantidade de sofrimento em nosso mundo, e não consigo pensar em outra maneira de passar a vida do que tentando deixar as coisas em condições melhores do que as encontrei. Essa motivação tem sido uma força motriz para mim, e me fez viajar o mundo para estudar meditação em monastérios budistas, organizar movimentos sociais, fundar organizações sem fins lucrativos e, nos últimos tempos, liderar uma startup de saúde mental no Google. Minha esperança ao escrever este livro é compartilhar o que aprendi, e que isso possa ser de alguma ajuda para você neste belíssimo mundo caótico.

CAPÍTULO 1

ALGO MAIS PROFUNDO DO QUE O DESESPERO

Não quero que você mergulhe em seus próprios sonhos.
Quero que seja um cidadão consciente
deste mundo terrível e belo.

TA-NEHISI COATES

Em 14 de novembro de 2016, apenas seis dias depois de Donald Trump vencer as eleições presidenciais, minha esposa, Annie, acordou no meio da noite com uma dor excruciante. A visita ao pronto-socorro revelou que o câncer com o qual lutava havia mais de um ano se espalhara para o abdômen e um tumor estava bloqueando seu rim esquerdo. Várias longas horas depois, ela saiu da sala de cirurgia com um tubo de plástico na barriga que coletava sua urina em uma bolsa externa. Disseram-me que ela provavelmente usaria aquele tubo pelo resto da vida. Quando nosso filho de 3 anos a visitou no hospital, tive que ensiná-lo a não tocar no tubo da mamãe.

Foi um momento em que pude ouvir o desespero me chamando — era quase audível. Dizia: "Sua vida é uma merda. Tudo foi para o buraco. Sua melhor opção é se esconder em um canto."

Naquele momento, me lembrei de uma história sobre uma bananeira que o monge budista vietnamita e ativista da paz Thich Nhat Hanh contou inúmeras vezes ao longo dos vinte anos que estudei com ele. Ela começa assim:

Um dia, Thich Nhat Hanh estava meditando na selva do Vietnã e avistou uma bananeira com apenas três folhas. A primeira estava madura, larga, plana e verde-escura. A segunda ainda estava meio enrolada sob a primeira, e a terceira era verde-clara e macia, apenas começava a se desdobrar.

Isso foi durante a Guerra do Vietnã, quando ele liderava uma enorme organização de jovens que ajudavam a reconstruir aldeias destruídas por bombas e napalm. Ele passava quase todos os seus dias com os aldeões cujas vidas foram destroçadas pela guerra e testemunhou a morte de inúmeros amigos próximos. A questão central em sua vida naquele momento era como conciliar a intensidade de sua vocação para ajudar as pessoas em sofrimento à sua prática da atenção plena. Ele sabia que precisava dela para não ser vencido pelo desespero, mas como poderia justificar o cultivo da paz e da alegria em si mesmo quando tantos outros estavam morrendo?

Considerava essa questão e observava a bananeira quando teve um *insight*. Ocorreu-lhe que a folha de bananeira mais velha estava aproveitando ao máximo sua vida. Ela absorvia o sol e a chuva, irradiando beleza e tranquilidade. No entanto, não tinha abandonado as outras folhas para buscar sua própria felicidade. Na verdade, ao se nutrir, absorvendo a luz do sol, alimentava também as folhas mais jovens, a bananeira e a floresta inteira. Então, ele decidiu que os seres humanos também são assim. À medida em que nos nutrimos com tranquilidade e alegria, apoiamos o bem-estar de todas as outras pessoas em nossa vida.

Naquele quarto de hospital, ao observar minha esposa e meu filho, não pude deixar de notar o quanto os dois precisavam de mim. Não queriam que eu fizesse algo específico, mas que eu ficasse ao seu lado e mostrasse que não estavam sozinhos — que a vida ainda valia a pena. Se de alguma forma eu conseguisse encontrar uma maneira de não esquecer o que há de bonito e alegre na vida — se eu conseguisse me alimentar de algo mais profundo do que o desespero —, eu teria algo a oferecer às pessoas que amo.

MAIS PROFUNDO QUE O DESESPERO

Quando olhamos em volta hoje em dia, é difícil não concluir que nosso mundo é caótico. É claro que ainda há muita beleza, mas a enorme magnitude da violência, da ganância, do ódio e da pura estupidez pode ser esmagadora se nos permitirmos prestar atenção e nos importar.

A parte mais assustadora para mim é o que acontece às pessoas de bom coração quando ficam sobrecarregadas. Estamos comprometidos a prestar atenção e nos importar com o mundo, e nos recusamos a buscar abrigo em quaisquer privilégios que possamos ter. No entanto, a intensidade do sofrimento que vivenciamos nos envenena, e nos desconectamos de nossa humanidade. Em um extremo, acabamos no desespero; no outro, adotamos uma retidão tóxica.

Retidão tóxica é um termo cunhado pela escritora e ativista Starhawk para descrever o excesso de segurança alimentado pela raiva que permeia nosso discurso político. É o que acontece quando estamos próximos do desespero, mas de alguma forma reunimos forças suficientes para atacar em vez de desabar. Nesse estado, somos incapazes de ouvir, e muitas vezes nem enxergamos por que deveríamos fazê-lo, já que nossos oponentes são menos que humanos. Se alguém diz que nossa agressividade e nossa indignação não estão ajudando, ficamos na defensiva, pois acreditamos que a única alternativa é desistir por completo.

O desafio de ser pleno em um mundo caótico se resume a como reagimos à imensidão do sofrimento que nos atinge por todos os lados. Seja pelos acontecimentos em minha vida, na das pessoas que amo, ou por conta da dor que sinto ao prestar atenção no estado atual de nosso mundo (e em geral é tudo isso junto), tenho que encontrar uma maneira de cuidar da compaixão que há em mim para não acabar sobrecarregado. Se falhar, estarei mergulhado no desespero, tomado pela retidão tóxica, ou (pior de tudo) encontrarei qualquer pequena bolha de privilégio onde posso me enfiar para não me importar mais com tudo.

Ao compreender que o sofrimento no mundo pode me transformar em uma pessoa que não quero ser, encontro grande motivação para buscar uma maneira de permanecer pleno. Não quero parar de me importar, nem me afogar na raiva e na amargura. Quero estar presente e ser uma força para o bem e me tornar a folha de bananeira de Thich Nhat Hanh, com alegria e paz suficientes para fazer bem a mim mesmo e aos outros. Eu me recuso a deixar todo o caos do mundo tirar minha plenitude de mim.

DAQUI PRA LÁ

Como me torno esse tipo de pessoa? Como fortaleço essa capacidade em mim? O que devo fazer quando encontro dificuldades? E se a raiva, o desespero e o isolamento forem grandes obstáculos para mim? Será possível mudar?

Quase posso garantir que, quando fui exposto pela primeira vez à atenção plena e ao treinamento compassivo, na época um estudante universitário de 19 anos, eu era uma pessoa muito mais problemática do que você. Cresci em Boston, pobre e com uma mãe solteira alcoólatra. Sofria bullying, fiquei sem teto na adolescência, e nunca conheci meu pai. Ao chegar à faculdade, além de raivoso e solitário, tinha poucas habilidades sociais.

Quando um professor de ciências políticas nos pediu para ler o livro *Paz a cada passo*, de Thich Nhat Hanh, tudo mudou. Na mesma hora, reconheci que a atenção plena e a compaixão eram exatamente o que faltava em minha vida. Então — como os jovens de 19 anos costumam agir quando encontram algo que faz sentido para eles —, mergulhei de cabeça nessas práticas, passando meses em retiro com Thich Nhat Hanh todos os anos e seguindo-o aonde quer que ele fosse.

Por meio de toda essa prática e estudo, aprendi a sentir mais alegria e liberdade do que julgava possível. Deixei de ser alguém carregando uma quantidade intensa de sofrimento e capacidade de autodestruição e me tornei uma pessoa com verdadeira intimidade e harmonia em minha vida. Se eu consegui mudar, qualquer um consegue.

NADA É DE GRAÇA (ATÉ QUE PASSA A SER)

Por outro lado, a mudança não é fácil, nem acontece sozinha. Requer a descoberta de ideias e práticas que façam sentido para nós em um nível mais profundo. Temos que nos engajar com essas ideias e permitir que elas mudem nossa forma de ver o mundo. Então temos que colocá-las em prática e observar os efeitos que produzem em nossa vida. Por fim, quando encontramos um ensinamento ou treinamento que nos ajude de verdade, devemos ter comprometimento com a prática deliberada. Quanto mais tempo e esforço dedicarmos, maior será a mudança.

Então, algo mágico acontece. As práticas e ideias que antes exigiam muito esforço começam a parecer instintivas. É como se você se dedicasse muito aos estudos de francês e, de repente, percebesse que desenvolveu certa fluência. De repente, você é capaz de manter uma conversa em francês sem grandes esforços. Nesse caso, desenvolvemos pensamentos compassivos que surgem inesperadamente em momentos que antes provocariam raiva. Isso é fruto da nossa dedicação. É o esforço que leva à ausência de esforço.

PALAVRAS ADOECEM

É possível prestar atenção e se importar com o sofrimento do mundo sem permitir que ele nos envenene. Há uma qualidade mental que podemos desenvolver e que nos permite estar presentes diante do sofrimento sem esquecer a alegria de estarmos vivos. Podemos aceitar que o sofrimento é parte inevitável da vida sem deixar que isso nos torne insensíveis ou indiferentes. Em vez disso, podemos responder com aceitação radical e disposição para fazer o que pudermos para aliviar o sofrimento.

Meu professor Thich Nhat Hanh chama tal modo de se relacionar com a vida de *atenção plena*. No entanto, não gosto muito dessa expressão. Muitas pessoas a empregam para descrever algo completamente diferente do que Thich Nhat Hanh quer dizer. Dizem que significa respirar fundo, sentar em uma almofada no chão ou observar seus pensamentos e sentimentos com desinteresse — como se estivesse assistindo a um programa de TV tedioso.

Quando usa o termo *atenção plena*, Thich Nhat Hanh descreve um modo de se relacionar com o mundo (e, mais especificamente, com o sofrimento) que contém compaixão, alegria, equanimidade e sabedoria. É justamente a qualidade que nos permite ser plenos quando estamos em meio ao caos — que nos permite permanecer abertos, interessados e capazes de nos relacionarmos com os outros.

As palavras podem adoecer e perder o significado. Quando isso acontece, podemos abandonar a palavra ou tentar reabilitá-la. Não estou pronto para desistir da expressão *atenção plena* (pelo menos, ainda não), mas se for reproduzi-la, por favor, lembre-se de que estou me referindo a esse sentido mais profundo.

Independentemente de como você queira chamar, a capacidade de ser pleno diante do sofrimento intenso é algo que está em falta em nosso mundo. É algo de que precisamos desesperadamente. Portanto, a próxima questão é como desenvolver essa capacidade em nós mesmos. Como podemos aprender a fazer isso?

Passei a vida estudando a questão e acabei me convencendo de que essa capacidade pode ser desenvolvida com o treinamento de um conjunto de habilidades específicas. Este livro foi criado para auxiliar no desenvolvimento das habilidades que lhe ajudarão a ser pleno — prestar atenção, se importar verdadeiramente e sentir-se conectado — mesmo nas situações mais complicadas. Primeiro, você aprenderá sobre cada habilidade. Depois, poderá experimentá-la até encontrar uma maneira de usá-la para o bem. Por fim, vai praticar até que se torne algo natural.

CAPÍTULO 2

ENCONTRANDO BELEZA NA VIDA

> Por mais que os homens sejam estúpidos e cruéis, este é um lindo dia.
> KURT VONNEGUT

Quando a vida está um caos, é muito fácil acreditar que nada de bom existe — ou que, mesmo se existisse, não importaria. No entanto, se você só se concentrar nos aspectos negativos de sua vida, inevitavelmente acabará exausto e sobrecarregado, porque experiências alegres são o combustível do qual precisamos para estarmos presentes frente ao sofrimento.

Muitas pessoas se concentram em tudo de errado que há em sua vida e no mundo, e acabam ficando esgotadas demais para tomar uma atitude. Aprender a estar presente em meio aos problemas de uma forma que não lhe sobrecarregue é uma arte sutil. A maior parte deste livro terá como foco o enfrentamento direto do sofrimento, mas a primeira habilidade a ser desenvolvida é a de encontrar beleza na vida. Se não conseguir isso, você vai acreditar que só há sofrimento, o que acabará com seu ânimo. Esta não é uma prática de "pensar pelo lado positivo" ou alguma outra maneira de negar a dor e a injustiça reais. É uma habilidade essencial para ser pleno.

Em cada momento de nossa vida, existem infinitas razões para sofrer e para ser feliz. Nossa experiência depende em grande parte de onde estamos concentrando nossa atenção. Por exemplo, imagine se você passasse alguns minutos listando todos os motivos possíveis para ficar chateado. Você nunca ficaria sem ideias. Agora imagine passar a mesma quantidade de tempo elaborando uma lista de tudo que poderia deixá-lo feliz, como o céu ao pôr do sol, o som da chuva ou os olhos de um recém-nascido observando você pela primeira vez. Essa lista também pode ser bem longa.

Muitos de nós acreditam que é impossível ser feliz até que todos os nossos motivos para sofrer desapareçam. No entanto, sabemos que isso nunca vai acontecer. Sempre haverá razões para o sofrimento — pequenas, como metas que não atingimos ou pessoas que não nos compreendem, e grandes, como a guerra, a pobreza, a opressão e o aquecimento global.

Os motivos para sofrer existem, mas não só eles. Para que tenhamos alguma experiência alegre, precisamos ser capazes de prestar atenção ao que há de belo na vida neste momento. Isso não significa negar nossos problemas e os do mundo. Significa que reconhecemos como seria trágico passar pela vida ignorando toda a beleza e a maravilha que nos cercam. Se adiarmos nossa felicidade até que todos os motivos para sofrer desapareçam, nunca teremos a chance de ser felizes. Se não nos alimentarmos com momentos de felicidade, não teremos energia para fazer do mundo um lugar melhor.

Podemos desenvolver a habilidade de perceber o que há de belo na vida ao treinarmos a capacidade de escolher o foco de nossa atenção em vez de deixar nossa mente vagar por preocupações e julgamentos. É preciso comprometimento, mas, se você fizer da maneira certa, será uma tarefa agradável. Estamos nos lembrando de apreciar os formatos das nuvens, a sensação de uma brisa fresca em nossa pele e a presença de um ente querido ao nosso lado.

APRECIE A AUSÊNCIA DE DOR DE DENTE

À medida que praticamos reconhecer a beleza da vida, também começamos a perceber todas as coisas que *não* estão dando errado. Por exemplo, quando estamos com dor de dente, fica claro que não sentir dor nos deixaria mais felizes. No entanto, assim que ela passa, nos esquecemos da sorte que temos. Tire um momento para desfrutar da ausência de dor de dente. Se o seu dente estiver bem, diga a si mesmo: "Se meu dente estivesse doendo, eu iria querer viver exatamente o que estou vivendo neste momento. Eu me sentiria muito feliz se não estivesse com dor." Tente pensar dessa maneira e veja como isso lhe afeta.

Você não é ingênuo ou simplório por pensar assim. Na verdade, é um pensamento muito mais racional do que se concentrar apenas nos problemas a ponto de ficar estressado e irritado. Em todos os momentos, a vida poderia ser um pouco melhor — ou pior — de infinitas maneiras. A maioria de nós tem um forte hábito de se concentrar em tudo de que não gostamos ou tudo o que gostaríamos de mudar em nossa vida. Como esse hábito pode causar muitos danos, faz sentido praticar um modo mais equilibrado de pensar e fazer a escolha consciente de não ignorar todas as condições de felicidade que estão presentes no momento.

PRÁTICA

- Deixe este livro de lado e passe um minuto ou mais percebendo todas as condições para a felicidade que estão presentes em sua vida neste momento.
- Você pode escrever sua lista ou apenas imaginá-la.

- Se sua mente se distrair ou resistir à prática, diga a si mesmo: "Minha mente acredita que há outros pensamentos que são importantes, e isso é verdade. No entanto, eu me dou permissão para pensar no que há de belo em minha vida por um minuto. Tudo o mais pode esperar."
- Observe como se sente.
- Se a sensação for boa, repita várias vezes ao dia. Quanto mais você praticar, mais cedo notará mudanças em sua vida.

MOMENTOS DIFÍCEIS

Como mencionei antes, minha esposa, Annie, está fazendo tratamento por conta de um câncer de cólon no estágio 4. Ela foi diagnosticada em 2015, logo depois do segundo aniversário do nosso filho. Desde então, passamos por várias cirurgias, quimioterapia, recorrências e dezenas de viagens ao pronto-socorro no meio da noite.

Para mim, uma das partes mais difíceis de toda a experiência é esperar o resultado das tomografias. Não me importo em esperar no saguão, mas depois de chamados ao consultório, em geral ficamos sentados cerca de vinte minutos — ou mais — até que o exame chegue, o que é uma tortura. Sei que o médico pode entrar a qualquer segundo com notícias que mudariam tudo. Eu me preparo toda vez que ouço passos no corredor.

Annie e eu sempre ficamos de mãos dadas durante a espera. Presto muita atenção, faço o possível para não me deixar levar pelas narrativas que passam pela minha cabeça. Quero estar presente para apoiá-la.

Algumas semanas atrás, estávamos aguardando os resultados da tomografia no consultório de nosso médico e eu estava ciente de um pensamento poderoso surgindo em minha mente. O pensamento dizia simplesmente: "Não." Não, eu não quero que isso aconteça. Não, eu me recuso a aceitar. Cada parte de mim rejeitava a realidade na qual eu me encontrava, como se ela pudesse ser mudada por pura força de vontade. Queria estar ao lado de Annie, mas estava perdido em minha própria dor.

Graças ao meu treinamento, voltei à minha prática de atenção plena. Fechei os olhos e foquei na tempestade de emoções dentro em mim. Eu me dei permissão para sentir o que estava sentindo e estar aberto a isso.

Depois de alguns minutos, tive a ideia de me perguntar por que odiava tanto aquela experiência. A resposta foi imediata: "Porque amo minha esposa e não quero que ela morra." Óbvio, certo? No entanto, com a mente e o corpo ligeiramente mais calmos, isso foi uma revelação. Olhei para ela e senti sua mão na minha. Notei que eu estava sofrendo tanto porque não queria perdê-la, por ela ser tão preciosa para mim. Mas, naquele momento, ela estava ali, viva e ao meu lado. Por que eu estava de luto? Estava tão perdido em minha dor que não podia celebrar o momento real que compartilhávamos juntos. A partir dessa nova perspectiva, isso parecia uma completa perda de tempo.

Quando falo sobre atenção plena, há um exemplo que costumo usar para mostrar como até as melhores intenções podem dar errado quando não nos damos conta das coisas. Peço às pessoas que imaginem um homem levando uma fechada na estrada; ele coloca a cabeça para fora da janela e começa a gritar palavrões, talvez até jogue uma garrafa de água no outro carro. Se pudéssemos intervir naquele momento e perguntar ao homem por que reagiu daquela maneira, talvez ele respondesse:

"Porque aquele idiota me deu uma fechada!" Indo um pouco adiante, poderíamos perguntar por que isso o incomoda tanto, e ele talvez respondesse: "Porque foi perigoso e desrespeitoso."

Ah, nós diríamos, então você quer estar em segurança e ser respeitado?

Ele diria: "Claro."

Então ele estava buscando segurança e respeito ao gritar pela janela do carro e atirar objetos.

Naquele momento com minha esposa, me senti tão equivocado quanto o homem dessa história. Lá estávamos nós, vivos e juntos. A intensidade das minhas emoções era decorrente do quanto ela é preciosa para mim. A única coisa que fazia sentido era celebrar aquele momento juntos. Comecei a chorar lágrimas de alegria. Naquele momento, estávamos vivos e a única coisa a fazer era me sentir grato.

Quando o médico finalmente chegou, recebemos boas notícias. O exame não mostrou qualquer avanço da doença. No entanto, já havíamos tido uma quantidade suficiente de boas e más tomografias para saber que aquilo não significava que ela estaria fora de perigo. Dentro de alguns meses, estaríamos de volta à mesma sala, sem saber o que o médico diria. No entanto, esse momento pertence ao futuro. Aqui e agora, estamos vivos e me recuso a desperdiçar um minuto desse precioso tempo. Esta experiência está nos ensinando a celebrar cada momento da vida que temos juntos.

CAPÍTULO 3

A ARTE DA INFELICIDADE

A cura da dor está na dor.

RUMI

Em 13 de outubro de 2011, o prefeito Michael Bloomberg, da cidade de Nova York, disse aos manifestantes do Occupy Wall Street que eles seriam expulsos no dia seguinte para uma limpeza do Zuccotti Park com mangueiras de alta pressão. A maioria dos manifestantes achou que aquilo era apenas uma desculpa para esvaziar o parque e encerrar as manifestações. Inclusive, no programa *Saturday Night Live*, fizeram algumas piadas dizendo que qualquer pessoa que tivesse passado por Nova York jamais vira os parques sendo lavados.

Naquela noite, centenas de manifestantes alugaram equipamentos de limpeza industrial e cuidaram da limpeza do parque, enquanto outros organizadores discutiam maneiras de evitar o despejo. Uma convocação foi feita e, pela manhã, um número enorme de pessoas lotou o Zuccotti Park.

Fui convidado para mediar a assembleia geral na manhã de 14 de outubro com Nicole Carty, outra organizadora das manifestações. Naquela manhã, o parque de mais de três mil metros quadrados era um mar de gente, com pessoas de todas as idades e histórias de vida apinhadas, arriscando a própria segurança ao desafiarem a ordem de despejo do prefeito. O clima era muito tenso enquanto a tropa de choque cercava o parque, nos encurralando.

Nicole e eu fomos incumbidos de fazer o impossível: mediar uma reunião para que milhares de pessoas em perigo físico iminente chegassem a um consenso. Nosso papel principal era repassar informações sobre o que estava acontecendo, coisas como: "Este é o telefone da National Lawyers Guild, para chamar um advogado caso você seja preso." Além disso, tentamos facilitar uma discussão sobre como a multidão deveria reagir se a polícia partisse para cima.

Lembro-me de estar em pé sobre uma mureta de pedra, olhando para aquela multidão e vendo no rosto das pessoas o medo e a raiva que ameaçavam vencer sua esperança e transformar nosso encontro em um caos. Pensei de novo na bananeira de Thich Nhat Hanh, e minha vontade foi projetar o máximo possível de calma e estabilidade; transmitir minha atenção plena para aquela multidão. Pode parecer uma boa ideia, mas, na verdade, eu estava tão assustado quanto qualquer outra pessoa ali.

Reconheci que o medo que eu estava sentindo naquele momento vinha de todos desfechos negativos que eu imaginava para a situação. Embora meu medo pudesse ter sido perfeitamente racional, não ajudava em nada.

Parei para respirar e concentrei minha atenção nas sensações de tensão e agitação em meu corpo. Eu me dei permissão para aceitar essas sensações físicas sem tentar mudá-las, permitindo que alcançassem toda a sua intensidade. Por três ou quatro respirações, elas se tornaram incrivelmente fortes, mas tenho experiência o bastante nessa prática para não me desesperar. Conversei com o medo em meu corpo, dizendo: "Você pode ser tão forte quanto quiser. Pode ficar ou ir embora. Você é bem-vindo. Eu estou aqui por você."

Senti a tensão e a agitação começando a diminuir. Continuei a respirar e a me concentrar em todas as sensações do meu corpo, aceitando-as. Disse a mim mesmo: "Você é amado mesmo quando está com medo. Você não precisa fazer o medo desaparecer. Eu estou aqui com você." Depois de apenas mais algumas respirações, me senti calmo e estável.

Eu me vi diante daquela multidão, a polícia dando avisos pelos megafones, e reconheci que não havia outro lugar no mundo onde eu preferisse estar. Era inegável que coisas ruins poderiam acontecer a qualquer momento, mas ainda não era o caso e ficar nervoso não ajudaria em nada.

Em seguida, disse a mim mesmo: "Este momento é maravilhoso." Primeiro, foi mecânico, mas, em seguida, tentei encontrar uma maneira de acreditar na declaração. Com o corpo relaxado, não foi difícil. Claro que era um momento maravilhoso. Bastava olhar para aquelas pessoas incríveis arriscando seu conforto e sua segurança por um mundo melhor. Eu me apaixonei por cada pessoa naquela multidão, e acho que elas puderam sentir isso.

Cerca de vinte minutos depois da nossa assembleia geral, fomos informados de que o prefeito Bloomberg e a Brookfield Properties (administradora do parque) haviam voltado atrás na ordem de despejo. A polícia logo se dispersou e os manifestantes comemoraram. A alegria que sentimos foi esmagadora.

Como você deve saber, a vitória foi apenas temporária. Pouco menos de um mês depois, a polícia esvaziou o parque no meio da noite, sem qualquer aviso prévio. No entanto, as coisas não precisam ser permanentes para serem preciosas. Em uma linha do tempo longa o bastante, toda vitória é temporária, então precisamos aprender a apreciar esses momentos.

A PARTE TERRÍVEL DA VIDA

Nem tudo o que enfrentamos pode ser mudado, mas nada pode ser mudado até que seja enfrentado.

JAMES BALDWIN

Se quisermos resolver um problema de maneira eficaz, devemos — no mínimo — ser capazes de enfrentá-lo sem ficarmos sobrecarregados. Mas como fazer isso? Quando pensamos no sofrimento em nossa vida ou no mundo, é fácil sentirmos raiva, desgosto ou desamparo. No entanto, também é possível desenvolver e aumentar nossa capacidade de enfrentar uma realidade dolorosa com compaixão, equanimidade e humanidade. Você já tem tudo de que precisa para fazer isso dentro de si. Só falta treinar.

Uma das habilidades mais importantes para ser pleno é *voltar para casa*. Isso significa aprender a voltar ao que é real no momento presente, em vez de nos perdermos em preocupações e fantasias. Algumas coisas reais do tempo presente são lindas, e o foco do capítulo anterior foi treinarmos para não esquecer essa parte da vida. Outras, no entanto, são terríveis. Neste capítulo, aprenderemos a enfrentá-las sem sermos envenenados por ela.

DUKKHA ACONTECE

Depois que alcançou a iluminação, Buda ficou sozinho por algumas semanas. Então, foi encontrar seus amigos na floresta e explicou o que tinha acabado de descobrir. O primeiro ensinamento que ofereceu a eles foi as Quatro Nobres Verdades, e muitas pessoas acreditam que esse também foi seu último ensinamento antes de morrer. Há muitas traduções das Quatro Nobres Verdades, mas a minha favorita é a de Thich Nhat Hanh. Estas são suas traduções (com a tradução literal entre parênteses):

> **Todo mundo sofre às vezes** (Nobre Verdade do sofrimento).
> **O sofrimento tem causas** (Nobre Verdade da causalidade).
> **Bem-estar é possível** (Nobre Verdade da cessação).
> **Bem-estar também tem causas** (Nobre Verdade do caminho).

Dukkha é a palavra em páli que em geral é traduzida como "sofrimento", e a maioria das pessoas acredita que vem de um termo para descrever uma roda da carroça defeituosa. Se a roda da carroça se encaixasse perfeitamente no eixo, o termo seria *sukha*. Se o encaixe fosse ruim, o termo seria *dukkha*. Portanto, Buda não usou uma palavra que significa "dor intensa" para descrever nossa experiência universal de sofrimento. Usou uma palavra equivalente a "solavancos".

Por que *dukkha* seria a primeira parte do primeiro ensinamento do Buda? Por que "todo mundo sofre" seria um ponto a ser enfatizado? Acredito que uma das razões seja que, em geral, não temos a menor ideia do que estamos sentindo. Isso é ainda mais verdadeiro quando lidamos com as partes ruins da vida.

Por exemplo, sigo muitos ativistas políticos no Twitter. Quando vejo uma publicação sobre uma pessoa inocente sofrendo violência policial, a primeira coisa que vem à minha cabeça é "que merda". Fico morrendo de raiva de todos os que permitem que coisas como essa aconteçam e penso muito sobre o que as pessoas deveriam fazer para impedir. No entanto, quando estou indignado, não consigo enxergar que estou sofrendo. Inconsciente da minha própria dor, ela me controla e corrói a minha humanidade. Muitos de nós estamos sofrendo, deixando que a circunstância domine nossa vida porque não percebemos sua existência. Se não soubermos que estamos sofrendo, não há como lidar com a dor de maneira hábil.

Esse padrão também se repete em conflitos interpessoais. Se você está discutindo política com sua tia, provavelmente está pensando que ela está errada. É possível que você esteja pouco ciente da frustração e da antipatia que está sentindo. Nesse estado, é quase impossível chegar a um entendimento.

Se não quisermos continuar sendo sabotados pelo nosso sofrimento, precisamos começar a reconhecê-lo. Somente em plena consciência da nossa dor é que temos alguma esperança de reagir de forma eficaz. Então, nos treinamos para prestar atenção às sensações físicas em nosso corpo a cada momento.

A maioria de nós não percebe se está zangada, triste ou assustada até que a intensidade desse sentimento seja oito em uma escala de zero a dez. A essa altura, nosso sofrimento já tomou as rédeas. Às vezes, só conseguimos nomear o que estamos sentindo depois que o estrago está feito. Olhamos em volta para as cinzas fumegantes e dizemos: "Nossa, eu devia estar com muita raiva." No entanto, é possível aprender a perceber nosso sofrimento quando ele ainda é pequeno. Se o seu medo ainda está no nível três, é muito mais fácil reagir de maneira hábil.

ACEITAÇÃO RADICAL

Às vezes você diz a si mesmo: "Não fique frustrado", e a frustração desaparece. No entanto, na maioria dos casos não é tão fácil assim. Se você percebe que o sofrimento está presente e que aconselhar a si mesmo a não se sentir mal não está funcionando, pode ser muito útil *voltar para casa*, para o momento presente, e praticar a aceitação radical do que está sentindo.

No contexto de aprender a estar presente com o nosso sofrimento, a aceitação radical é algo muito específico. Não significa que você deva aceitar a injustiça social, a violência ou qualquer problema externo que esteja servindo de gatilho. Talvez seus sentimentos em relação ao problema até mudem como um efeito colateral dessa prática, mas esse não é o ponto de partida. Também não significa que você deva aceitar cegamente qualquer história que esteja contando a si mesmo sobre o problema, porque nossas narrativas muitas vezes estão erradas. Em vez disso, começamos a prática da aceitação radical nos concentrando nas sensações do nosso corpo, porque "sinto um peso no peito e meu rosto está tenso" é algo do qual você pode ter certeza, enquanto "aquele cara é um idiota" é apenas a sua opinião.

Quando perceber que está sofrendo, volte sua atenção para as sensações em seu corpo. Elas são a âncora que impede você de ser arrastado pela tempestade das emoções. Em um momento de sofrimento, seus pensamentos estarão em turbilhão, e é preciso muito treinamento para observar esses pensamentos sem se deixar levar. Em vez disso, é muito mais fácil voltar para o seu corpo.

Thich Nhat Hanh conta uma história sobre uma vez em que foi caminhar, no verão da França. Ele estava hospedado em seu eremitério em Village des Pruniers, o mosteiro que fundou perto de Bordeaux após ser exilado do Vietnã. Era um dia lindo e quente, e todas as janelas estavam abertas. Depois de praticar caligrafia, decidiu sair para um passeio nas colinas. Vagou pela floresta e pelos campos de girassóis até que uma tempestade desabou sem aviso prévio. Quando voltou ao eremitério, a mesa estava encharcada e o vento tinha derrubado tinta e papel por toda a parte. Quando viu que o quarto estava um caos, a primeira coisa que fez foi fechar as janelas. Com as janelas fechadas, começou a limpar seu espaço.

Se voltarmos para casa, para nossa mente e nosso corpo e encontrarmos o lugar mergulhado no caos, a primeira coisa que devemos fazer é fechar as janelas de nossos sentidos. Parar de captar novas imagens e sons para podermos nos concentrar no que está acontecendo do lado de dentro. Então, podemos começar a limpeza — a prática de cuidar do nosso sofrimento.

Muitos de nós tratam os próprios sentimentos como meu amigo Bruce tratava seu dormitório da faculdade. Na metade do primeiro semestre do primeiro ano, seu quarto estava tão nojento que ele evitava entrar ali sempre que podia. Com o tempo, passou a dormir no sofá. Quando você continua optando por se distrair, apenas se ocupa e evita ficar sozinho com seus sentimentos, você acaba como Bruce — incapaz de se sentir em casa consigo mesmo.

Quando iniciei a prática de voltar para casa e prestar atenção à minha mente e ao meu corpo, foi como jogar merda no ventilador. Passei a vida toda evitando meus sentimentos, e começar a prestar atenção neles não foi uma experiência agradável. Mas sou muito grato por ter seguido firme. Agora, sei o que é me sentir confortável comigo mesmo e sou capaz de ser pleno mesmo ao lidar com algumas situações difíceis.

Acredito que quase tudo de bom em minha vida é decorrente do meu comprometimento com essa prática — minha disposição em voltar para casa, para mim mesmo, ainda mais quando me sinto terrível e me dou total aceitação.

Deixe-me descrever como essa prática funciona em poucas palavras e em seguida responderei a algumas perguntas.

PRÁTICA

- Observe que o sofrimento está presente em você.
- Concentre sua atenção nas sensações físicas. Descreva o que você percebe em seu corpo, como a tensão em seu rosto, o relaxamento em seu abdômen, o peso no peito, a agitação em todos os membros e assim por diante.
- Permita que essas sensações façam o que quiserem. Podem ficar mais intensas, mudar ou continuar como estão. Sua única tarefa é senti-las — continuar prestando atenção, com aceitação radical.

Quando você inicia essa prática, algumas coisas podem acontecer. Você presta atenção às sensações em seu corpo e depois as sente sem tentar mudá-las. Qualquer angústia que estivesse sentindo começa a desaparecer. Se isso acontecer, ótimo. No entanto, a sensação também pode permanecer ou até ficar mais forte. Quando for assim, tente se lembrar de que o objetivo da prática não é fazer com que nossa aflição desapareça. Na verdade, estamos aprendendo a tolerar e aceitar quaisquer sentimentos que surjam em nós, sejam agradáveis, desagradáveis ou neutros.

Para que isso serve? Por que me ajudaria?

Isso ajuda porque odiar nosso próprio sofrimento e lutar contra ele só vai piorá-lo. Tememos o nosso medo, odiamos nossa raiva, ficamos deprimidos com a nossa depressão. Se eu já sofro com as coisas ruins em minha vida ou no mundo, é óbvio que odiar a mim mesmo não vai ajudar em nada.

Então, trata-se de aprender uma resposta diferente ao nosso sofrimento — e que pode de fato ajudar. Essa prática é a aceitação radical dos sentimentos em nosso corpo. Trata-se de desenvolver uma maneira muito específica de prestar atenção ao nosso sofrimento, o que pode provocar uma mudança real.

A melhor analogia que conheço para ilustrar a presença transformadora do sofrimento é como ninamos um bebê chorando. Não como o fazemos às três da manhã, quando estamos sem dormir e exaustos. Mas quando o fazemos de uma maneira que seja reconfortante para ele. Enquanto você acalentar o bebê e pensar: "Não aguento mais. Por favor, cale a boca", ele não vai se acalmar.

Então você o faz com aceitação radical. Você diz: "Tudo bem você estar sentindo o que sente. Tudo bem se você chorar ou ficar quieto. Eu o aceito de qualquer forma." Essa é a equanimidade que está aberta para qualquer coisa que acontecer. Ao mesmo tempo, você quer ajudar como puder. Há cuidado, compaixão e calor nesse gesto. As palavras que expressam essa parte poderiam ser: "Estou aqui do seu lado. Quero ajudar se for possível."

Quando pensamos em nossos relacionamentos com outros adultos, pode ser difícil imaginar sentir aceitação e compaixão ao mesmo tempo. Acreditamos que aceitar alguém significa não querer que a pessoa mude e que tentar ajudar uma pessoa a se sentir melhor significa que não aceitamos a sua dor. Francamente, isso é besteira. Como seguramos um bebê chorando é o arquétipo da *compaixão com equanimidade*. É exatamente o tipo de presença que transforma o sofrimento e que estamos treinando para desenvolver com essa prática.

Jaak Panksepp, um grande neurocientista, descobriu que todo mamífero tem no cérebro uma estrutura anatômica bem definida que governa as expressões de cuidado. Ele a chamou de Circuito de Cuidados, e, quando está ativo, o circuito libera oxitocina e opiáceos naturais que nos dão aquela sensação positiva e calorosa. Na verdade, se pudéssemos visualizar em detalhes o cérebro de alguém que está sentindo ternura e amor, veríamos que seu Circuito de Cuidados está ativo. Panksepp mostrou que a ativação do Circuito de Cuidados de qualquer mamífero (seja de maneira natural ou com o uso de microeletrodos) reduz radicalmente o sofrimento do animal. Em outras palavras, aprender a praticar a aceitação amorosa e radical de nosso sofrimento é usar uma das estruturas centrais de nosso cérebro para regulá-lo.

Foi mal, mas ainda não entendi direito essa parte de "compaixão com equanimidade". Pode explicar melhor?

Claro. Se cada vez que fica sabendo de algo ruim você sente uma preocupação esmagadora — se isso o fere tão profundamente que chega a parecer insustentável —, poderíamos chamar esse sentimento de *compaixão sem equanimidade*. Por outro lado, se você ouve a mesma notícia e pensa "Sim, isso acontece milhares de vezes por dia" e não se sente tentado a ajudar de alguma forma, isso pode ser chamado de *equanimidade sem compaixão*.

O que estou dizendo é que é possível desenvolver *compaixão com equanimidade*. Podemos treinar a capacidade de nos importarmos profundamente sem sermos prejudicados por isso. Na minha experiência, a melhor maneira de desenvolver essa qualidade é colocá-la em prática no nosso próprio sofrimento. Aprendemos a embalar nosso sofrimento — nosso medo, nossa tristeza ou nossa raiva — como a um bebê. Quando conseguimos estabelecer essa relação com nosso próprio sofrimento, o resto fica mais fácil. Nós nos tornamos capazes de dar uma profunda importância à dor de outras pessoas sem que seja debilitante. Essa habilidade permite que sejamos muito mais úteis no mundo.

E se a sensação for muito intensa? E se for traumática?

Todos nós temos uma capacidade finita de estarmos presentes diante do sofrimento. Se o sofrimento for grande demais, ficaremos sobrecarregados. Se a dor for muito intensa para que você possa embalá-la com compaixão, é preciso tomar cuidado, porque é possível piorar as coisas.

Concentrar-se na dor e acalentá-la com amor leva à transformação. Concentrar-se na dor sem compaixão é como ficar ruminando, o que faz com que o sofrimento aumente. É importante conhecer suas limitações e procurar ajuda. Para um iniciante, nunca é uma boa ideia praticar sozinho com um grande trauma (ainda assim, posso dizer por experiência própria que é possível praticar com um trauma quando se tem treinamento e orientação suficientes).

Tudo bem se os sentimentos que surgirem forem muito desagradáveis. Você pode ter uma capacidade de abraçar sua dor muito maior do que jamais imaginou. A maneira de saber se o seu sofrimento é intenso demais para praticar sozinho é resumida em distinguir se você sente que é capaz de embalá-lo com uma presença amorosa ou se está sendo torturado por ele.

Este é um tópico importantíssimo, então você pode pular para o capítulo 8 — "Curando um sofrimento antigo" — para obter uma orientação mais detalhada.

E se eu não conseguir parar de pensar?

Você tenta voltar para casa, para o seu corpo, e prestar atenção em todas as sensações que encontra ali, mas se deixa levar por pensamentos, lembranças e comentários. Isso é normal e esperado. Aqui estão alguns pensamentos que podem surgir durante a prática, assim como algumas instruções sobre como lidar com eles:

- Você diz a si mesmo para aceitar um sentimento desagradável e o seguinte pensamento lhe vem à mente: "Eu odeio este sentimento. Não quero aceitá-lo."
  - » Rotule esses pensamentos como *resistência*, porque são uma resistência à sua prática. Diga a si mesmo: "Isto é resistência", e veja se os pensamentos desaparecem sozinhos.
  - » Se isso não acontecer, demonstre compaixão e aceitação por esse pensamento. Tenha empatia por essa voz dentro de você. Diga algo como: "Claro que você odeia esse sentimento. Isso é mais que natural." Então veja se consegue permitir a presença tanto da sensação quanto da voz que a odeia. Ambas estão lá, então deixe-as estar. Não tome partido. "Eu me permito sentir a tensão e também que a voz que a odeia diga o que quiser. Estou aberto a ambas."
- Você tenta praticar e pensa: "Esta prática não está ajudando. Sou péssimo nisso."

- » Rotule esses pensamentos como *dúvida*, porque eles questionam a eficácia de sua prática. Diga a si mesmo: "Isto é dúvida", e veja se desaparecem sozinhos.
- » Se isso não acontecer, tente mais uma vez ter empatia por essa voz, mas faça o possível para permanecer cético. Diga: "Há uma parte em mim que acredita que a prática não está funcionando. Isso pode ou não ser verdade. Tudo bem eu me sentir assim." Permita que essa voz diga o que quiser e volte às sensações em seu corpo. Às vezes, a dúvida nos diz que devemos mudar algo em como praticamos, por isso pode ser útil seguir seus conselhos. No entanto, muitas vezes são apenas inseguranças se manifestando e, nesse caso, precisamos de amor.
- Você tenta praticar e pensa: "Preciso comprar detergente."
  - » Rotule esses pensamentos como *planejamento*. Diga a si mesmo: "Isto é planejamento", e veja se eles desaparecem sozinhos.
  - » Se isso não acontecer, talvez sua mente esteja tentando fazer com que você não se esqueça de algo importante, mas também pode ser uma tentativa de evitar sentimentos desconfortáveis. Se você está preocupado com a possibilidade de esquecer de fazer alguma coisa, pode pausar sua prática para anotar o lembrete. Ou então tente voltar para as sensações do seu corpo, mesmo que sejam desagradáveis.
- Você se deixa levar por uma narrativa interior, como "Eu sei que vou ser demitido" ou "Queria tanto que ela me amasse".

» Rotule esses pensamentos como *narrativa*, porque são previsões para o futuro ou desejos. Diga a si mesmo: "Isto é narrativa", e veja se eles desaparecem sozinhos.
» Se isso não acontecer, você também demonstra empatia por essa voz, mas sem concordar. "Parte de mim tem medo de algo que pode ou não ser real. Não preciso decidir se é real agora. Posso apenas aceitar o que surgir em mim." Todos nós temos pensamentos como esses de vez em quando. A paz de espírito não vem com a eliminação desses pensamentos, mas quando aprendemos a ouvi-los com aceitação radical e não nos deixamos levar por eles.

Por que não posso me concentrar nas emoções? O que há de tão especial no corpo?

Eu não paro de pedir que você se concentre nas sensações do corpo. Todos os exemplos que listei são de sensações físicas — tensão, agitação, peso etc. Você pode se perguntar por que não digo para você se concentrar no *medo* ou mesmo no *sofrimento*.

O que nós chamamos de emoções (medo, surpresa, tristeza e assim por diante) é caracterizado de maneira um pouco diferente na psicologia budista. A forma mais simples de explicar esse ponto de vista é dizer que uma emoção como a raiva é composta por duas partes: as sensações físicas e uma tendência a pensar de determinado modo. Se estou com raiva, as sensações físicas podem ser um aperto ou calor no peito, e meus punhos se cerrando com força. Ao mesmo tempo, terei tendência a pensamentos raivosos. Se você pega a emoção chamada raiva e subtrai as sensações físicas e a tendência a ter tais pensamentos raivosos, não resta nada. A emoção é inteiramente composta dessas duas coisas.

Portanto, quando você escolhe se concentrar em "medo" em vez de "tensão", na verdade está tentando se concentrar nas sensações físicas e nos pensamentos ao mesmo tempo. Isso é mais difícil do que se concentrar apenas no corpo. Quando os pensamentos surgirem (porque sempre surgirão), receba-os e volte para o corpo.

Falar sobre emoções, nomeá-las e pensar nesses termos é obviamente útil em nossa vida. Não estou criticando o conceito de emoção. No entanto, acredito que esse tipo de prática funciona melhor quando nos concentramos nas sensações físicas.

Isso é muito difícil para mim. Como faço para ficar mais fácil?

Como melhoramos em qualquer coisa? Primeiro aprendemos e depois experimentamos. Depois que compreendemos, praticamos.

Primeiro, a técnica precisa fazer sentido para você do ponto de vista intelectual. Se você faz tudo de maneira mecânica, é bem provável que perca algo importante. Reflita e leia mais até sentir que faz sentido. Você consegue explicar por que essa prática seria útil?

Então, quando for experimentar, não se leve muito a sério. Tente interpretar essas instruções de diferentes maneiras até encontrar uma que pareça poderosa para você. Essa é uma prática de aprendizado sobre sua mente, então sempre haverá surpresas. Mesmo que você pratique há anos, esteja aberto à possibilidade de que existe algo importante que você ainda não entendeu. Essa abertura ajuda a nos mantermos conectados com nossa experiência real, e a não focar tanto nas nossas expectativas.

Por fim, se quiser ser capaz de responder com compaixão em sua vida quando as coisas estiverem indo mal, você tem duas opções: esperar pelos momentos difíceis e aprender a agir de maneira diferente. Nesse caso, você não pensa na sua prática até que realmente precise dela. Se optar por esse caminho, deve notar algumas mudanças em cinco ou dez anos. A segunda opção é usar a prática para treinar antes de precisar. Dessa forma, você pode ver as mudanças em questão de semanas (às vezes dias).

O neurocientista Richard Davidson descobriu que trinta minutos de treinamento de compaixão todos os dias durante duas semanas são suficientes para causar mudanças mensuráveis no comportamento e na fisiologia cerebral. Se você não consegue separar trinta minutos por dia, deve conseguir ao menos cinco (de uma vez só ou salpicados ao longo do dia). E, na verdade, se decidir que isso é de fato importante para você, acabará encontrando trinta minutos no fim das contas.

O melhor treinamento para reagir de maneira diferente em momentos de sofrimento é ir a um lugar tranquilo e pensar em algo que o faça sofrer. Não deve ser intenso demais, mas você deve ser capaz de sentir o sofrimento em seu corpo. Então pratique embalar sua dor com amor e aceitação. Esta é a hora da verdade. Quanto mais tempo e energia você investir nesse treinamento, mais cedo começará a notar seus efeitos. Com o tempo, você encontrará um pouco mais de clareza e bondade em situações que antes teriam servido de gatilho. Com o tempo, um sentimento doloroso pode se tornar um sino pavloviano que o lembra de voltar para casa.

Eu deveria estar fazendo algo com a minha respiração?

Não se preocupe com isso. Se você gosta de se concentrar na respiração, como essa é uma sensação física, pode incorporá-la à prática. Mas você também pode praticar sem pensar em sua respiração. De uma forma ou de outra, não há problema.

O que fazer se isso não ajudar?

Pense neste ato como um treinamento de sua capacidade de tolerar sentimentos angustiantes. O objetivo não é fazê-los desaparecer. Imagine que uma amiga está passando por algo difícil. Ela pede que você a ouça e diz que não precisa de conselhos — ela quer apenas sentir que alguém se importa. Como você a ouviria?

Imagine que você a esteja ouvindo, mas passa o tempo todo pensando: "Ok, vou ouvir para você calar a boca logo." Isso não seria satisfatório para nenhuma das duas partes. No entanto, se você consegue ouvi-la com uma postura "Quero saber o que você está enfrentando... Eu me importo com o seu bem-estar e confio na sua capacidade de lidar com isso", a sensação será muito diferente, e é dessa maneira que aprendemos a ouvir nosso próprio sofrimento — com abertura, um importar-se genuíno e fé em nós mesmos.

Às vezes parece que a prática não está ajudando porque você não aceita o sofrimento dentro de si. Você o sente e diz a si mesmo para aceitá-lo, mas não é autêntico. Se há uma parte em você que odeia o seu sofrimento, não finja que ela não existe. Reconheça-a e pratique a aceitação também dessa parte.

Por fim, tente encontrar uma maneira de praticar que lhe pareça satisfatória. O sofrimento com o qual entramos em contato é, sem dúvida, desagradável. Mas quando conseguimos acalentá-lo com amor e aceitação, há pelo menos um pouco de doçura na experiência. Se não houver, faça uma pausa e concentre-se no que há de bom em sua vida.

E se eu tiver dor crônica ou algum problema de saúde que dificulte isso?

Quase quarenta anos de estudos que demonstram a eficácia da atenção plena na administração da dor crônica. Por exemplo, sabemos que oito semanas de treinamento podem levar a uma redução de quarenta a sessenta por cento na experiência subjetiva de dor para vítimas de queimaduras. A prática funciona.

Veja se é possível sentir a dor em seu corpo sem odiá-la. Você pode até tentar rotulá-la como *sensação* em vez de *dor*. Se há uma parte em você comprometida em odiá-la, receba-a de braços abertos. Tente sentir os dois lados sem tomar partido. "Sinto a dor no meu joelho e a voz em mim que odeia a dor. Permito que ambos fiquem ou vão embora, como quiserem. Estou aqui para vocês. Vejo que ambos estão sofrendo e eu os amo."

Desejamos a capacidade de encarar o que há de ruim no mundo e permanecermos plenos. O problema é que prestar atenção e se importar dói. Essa prática ajuda a nos treinarmos para abraçar e transformar nossa própria dor, o que nos permite permanecer presentes mesmo quando as coisas vão mal.

Se houver um limite para a quantidade de benefícios que essa prática traz, não acredito que alguém já o tenha atingido. O exercício pode transformar um desastre ambulante como eu em uma pessoa decente. Mais do que isso: quanto mais energia investirmos em reconhecer e transformar nosso sofrimento, mais leveza e conexão encontraremos. Pessoalmente, descobri que um pouco de dedicação leva a um pouco de liberdade e muita dedicação pode mudar sua vida por completo.

CAPÍTULO 4

CONHEÇA A SI MESMO

> Sagrada seja a sobrenatural,
> brilhante e inteligente bondade da alma!
>
> ALLEN GINSBERG

Quero propor a seguinte hipótese, e podemos avaliá-la juntos:

Tudo em você é tão incrivelmente belo que você desabaria de tanto chorar se notasse isso mesmo que por apenas um instante.

Essa é só uma hipótese, por isso devemos examiná-la à luz de todos os dados disponíveis. Mas, primeiro, uma história:

Victor tinha saído da prisão há cerca de um mês quando nos conhecemos. Ele tinha quase 70 anos, dos quais 48 passou na cadeia. Seus olhos escuros estavam fixos no chão diante de si quando me disse que não via razão para continuar vivendo.

Quando ouvi isso, senti um impulso imediato de tentar convencê-lo a não desistir. É difícil ouvir uma pessoa com pensamentos suicidas, porque isso exige que você confronte a sua dor. Então, em vez de ouvi-lo e tentar compreendê-lo, meu reflexo foi discutir — dizer que ele estava errado em se sentir assim e que deveria encarar a vida de maneira diferente. Nosso desejo humano de evitar o sofrimento a todo custo é poderosíssimo, e, naquele momento, o meu estava tentando me afastar de um encontro autêntico com alguém sofrendo muito. No entanto, graças aos meus professores e ao meu treinamento, pude sentir esse impulso sem segui-lo.

Em vez disso, eu disse que queria entendê-lo, e Victor me olhou com uma ponta de esperança. Então explicou: "Joguei minha vida fora e estou pronto para morrer. Tudo que fiz foi ferir as pessoas. Eu machuquei muita gente e me odeio por isso. Não quero mais me sentir assim."

Eu não tinha ideia do que dizer ou fazer, então tentei me imaginar em seu lugar. Queria encontrar nossa humanidade compartilhada e me relacionar com ele a partir dela. Sei o que é sentir-se arrependido, sem esperança e precisando fugir. A sensação é terrível — como se seus órgãos vitais tentassem escapar do seu corpo, e a última coisa que quer no mundo é sentir o que está sentindo.

No entanto, graças ao absurdo da vida, aprendi que sentir o que sinto é exatamente o que preciso fazer. De fato, sempre que queremos fugir de uma emoção, é sinal de que devemos dar meia-volta e nos aproximar dela.

Eu disse: "Estamos conversando agora, o que me faz pensar que talvez você não queira se odiar, mas não consegue imaginar como isso seria possível." Ele finalmente me encarou e assentiu enquanto seus olhos se enchiam de lágrimas.

Victor disse: "Fiz coisas terríveis." Eu pensei: "Eu também", e acho que ele pôde ver isso em meu rosto, porque abriu um breve sorriso. Perguntei quantos anos tinha quando começou a ter problemas, e ele me contou que começou a andar com traficantes de drogas e marginais de sua vizinhança aos 14 anos. "Antes disso, eu era um bom rapaz. Nunca tinha feito nada de errado."

Então imaginei aquele menino de 14 anos que sempre havia se comportado bem e fiquei me perguntando o que o teria levado a se envolver com aquela turma. Perguntei: "Você consegue se imaginar como um garoto de 14 anos? Bem na época em que começou a andar com essas pessoas?"

Victor fechou os olhos e assentiu mais uma vez. Perguntei-lhe o que diria àquele menino se pudesse.

"Você acha que isso é divertido e quer ser um adulto. Isso é bom. Você tem sonhos. Mas não sabe aonde essa situação vai te levar. Está tentando ser adulto, mas vai ficar trancado em uma jaula pelo resto da vida! Eu sei! Não faça isso. Você precisa saber aonde isso está te levando. Não é o que pensa. Olhe só para a minha vida! [Ele tinha começado a chorar.] Você precisa de alguém que mostre como ser o adulto que quer ser. Essas pessoas não suas amigas de verdade e vão acabar mortas ou coisa pior. Você precisa de um adulto de verdade que conhece a vida!"

Quando terminou de falar, passamos alguns minutos em silêncio.

Depois de um tempo, Victor disse: "Isso foi bom, cara, mas é tarde demais. Não aconteceu." Fiquei impressionado com quão passional e persuasivo ele tinha sido. Foi muito poderoso.

Perguntei: "Quantos garotos de 14 anos no seu bairro estão prestes a cometer os mesmos erros que você?" Ele entendeu na mesma hora, e sua expressão passou da exasperação dolorosa a uma expressão focada, de alguém com um propósito.

Ele disse: "É isso. Eu sei de algo que eles não sabem. Esses garotos não querem machucar ninguém. São só uns moleques burros. Querem sentir que são adultos, mas não sabem como.

É isso." Ficou quieto por um minuto e então continuou: "Eu não conseguia ouvir o que a minha dor estava me dizendo, cara, e isso ia me matar. Ela estava tentando me dizer que tenho algo importante a fazer, mas eu não conseguia enxergar. Agora consigo."

A PIOR COISA EM VOCÊ É MARAVILHOSA

Acho que agora estamos prontos para examinar nossa hipótese: a de que todos os seus pensamentos, sentimentos e ações são incrivelmente lindos quando vistos com clareza. Mas como testamos isso? E se eu pudesse guiá-lo por um processo de análise no qual até a pior coisa que você já fez parecesse amável? Se pudéssemos fazer isso, seria pelo menos um indício para confirmar nossa hipótese.

Vamos tentar. Pense em uma das piores coisas que já fez na vida — algo de que se arrependa, que você fez e que queria não ter feito ou algo que não fez e que queria ter feito. Pense no sofrimento que causou a si mesmo e aos outros.

Depois de escolher um evento, analisaremos *por que* você agiu assim. Em vez de evitar essa parte desconfortável, vamos nos aprofundar nela. O que você queria que acontecesse? Estava tentando evitar algo ruim? Achava que estava em perigo, física ou emocionalmente? Tentando chegar a algum lugar? Acreditava que seria bom ou que conseguiria algo que parecia importante à época? No momento em que fez essa escolha, qual era o melhor desfecho possível em sua mente?

Existe uma forma de compreender nossas escolhas destrutivas, sejam quais forem, para que essas lembranças se transformem, passando da vergonha venenosa a algo que nos torna mais fortes. Tenha você cometido um erro ou ferido alguém de propósito, se puder enxergar essa escolha com clareza suficiente, isso o tornará mais compassivo em relação a si mesmo e às outras pessoas, o que fará de você alguém melhor.

CIÊNCIA E NATUREZA HUMANA

Tal perspectiva transformadora vem de uma teoria acerca da natureza humana que se baseia na ciência mais atual. Ela se concentra em duas questões principais: (1) O que nos motiva? e (2) Como traduzimos essas motivações em ação?

Vamos começar com a primeira parte. Acredito que todo pensamento, sentimento e ação são motivados pelo desejo de evitar sofrimento e atender às necessidades. Inclusive os psicólogos evolutivos diriam que é difícil conceber qualquer outra motivação do ponto de vista científico.

Se você pensar na evolução como um processo com outras motivações que não evitar o perigo e prosperar, ela perde o sentido. Quando uma mariposa voa para a chama de uma vela, não pensamos: "Essa mariposa se odeia." Pensamos: "Talvez ela use luz natural para se orientar e fique muito confusa com luzes artificiais." Presumimos que o animal tem uma motivação que serve à vida, mas acabou se confundindo. Os entomologistas não sabem por que as mariposas fazem isso, aliás. Mas lhes damos o benefício da dúvida mesmo assim. Por que não usar essa lógica ao tentar compreender nosso próprio comportamento? Somos piores do que as mariposas?

Acredito que, se soubéssemos atender a todas as nossas necessidades e deixar as outras pessoas em nossa vida felizes, sempre escolheríamos fazer isso. Da mesma forma, quando presumimos que, se a mariposa soubesse como acasalar, comer e não morrer, é isso o que ela faria. O problema é que, como disse Victor, somos burros. E essa burrice parece ser uma consequência da estrutura dos nosso cérebro.

Durante muito tempo, a única maneira que os cientistas tinham de estudar o funcionamento de nosso cérebro era observando diferentes tipos de ferimentos na cabeça e como eles afetavam pessoas e animais. É claro que esse método é limitado. Então, quando as tecnologias de neuroimagem foram inventadas, pudemos observar quais circuitos eram ativados em diferentes circunstâncias. No entanto, esse método também tem seus limites. Mesmo se você pudesse observar seu laptop por dentro e ver os sinais elétricos, ainda não entenderia seu funcionamento.

Mais recentemente, os campos de inteligência artificial e aprendizado de máquina se desenvolveram a ponto de estarem fazendo suas próprias contribuições para nossa compreensão do cérebro. Os neurocientistas criam modelos computacionais de nossas teorias sobre o cérebro e os testam para ver como se comportam como cérebros reais.

Uma das ideias mais influentes na neurociência computacional é que a principal função do cérebro é criar modelos de funcionamento do mundo. Todo ser vivo deve ser capaz de perceber seu ambiente e reagir de alguma forma, mesmo que seja apenas para se alimentar. Portanto, ele precisa encontrar padrões em seus dados sensoriais brutos e traduzi-los em uma imagem do que de fato está acontecendo (por exemplo, o sapo percebe sua fome e a presença de uma mosca). Mais importante, cada criatura precisa ter um modelo de como suas ações afetam seu mundo (por exemplo, estender a língua neste ângulo exato vai capturar a mosca). O modelo determina como ele vai agir.

Como isso se traduz para a natureza humana? Um dos aspectos mais importantes dessa teoria é a ideia de que nossos modelos de mundo são *necessariamente* feitos a partir dos padrões que nosso cérebro percebe em nossas experiências passadas.* Em outras palavras, toda nova experiência é interpretada pelo viés do nosso passado.

Se combinarmos a ideia evolucionista básica de que os comportamentos sempre têm algum propósito servindo à vida (embora possamos ficar confusos) com a ideia de que o cérebro é uma máquina criadora de modelos, teremos o seguinte retrato da nossa natureza: seres humanos sempre querem fazer escolhas que sirvam à vida e levem ao menor sofrimento possível; no entanto, em geral não sabem como fazer isso. Então, fazemos o melhor possível, com base em nossos modelos imperfeitos de funcionamento do mundo.

Se você encontrar uma maneira de enxergar a beleza nessa situação — em uma criatura que deseja que todos nós pudéssemos ser felizes, mas não tem a menor ideia de como fazer isso acontecer —, a compaixão surge de maneira natural. Quaisquer que sejam seus arrependimentos, você consegue perceber que só queria atender a uma necessidade? Imagine-se de volta àquele momento. Se você soubesse como satisfazer todas as suas necessidades — evitar qualquer desconforto ou concretizar seu desejo na situação — sem prejudicar ninguém, você teria optado por isso? Se a resposta for sim, diga a si mesmo: "Como qualquer outro ser humano,

---

* É verdade que alguns modelos são herdados, mas podemos considerá-los padrões relevantes percebidos pelos cérebros de nossos antepassados [N.A.].

sempre quero evitar sofrimento e aumentar o bem-estar de todos em minha vida. E, como qualquer outro ser humano, nem sempre sei como fazer isso." Como você se sente ao dizer essas palavras? Você consegue ver a beleza em suas imperfeições?

BOTANDO EM PRÁTICA

Em um momento difícil, essa visão pode fazer toda a diferença. Enquanto escrevo estas linhas, minha esposa Annie acaba de ser liberada do hospital, depois que outra visita ao pronto-socorro no meio da noite se transformou em uma estadia de uma semana. Durante a última semana, cuidei de Annie no hospital durante o dia enquanto ela lidava com uma dor física excruciante e depois enfrentei o trânsito para voltar para meu filho, alimentá-lo e colocá-lo na cama à noite. Todos os dias, fiz o meu máximo para proteger as pessoas que mais amo de sua dor e ainda assim falhei. Em suma: tive uma semana de merda.

Neste momento, sinto o trauma no meu corpo. Paro tudo o que estou tentando fazer. Paro de escrever e me dou permissão para deixar de lado todas as minhas tentativas incessantes. Paro de buscar a felicidade, o bem-estar, de tentar produzir um livro bonito para dividir com vocês. Neste momento, me sinto péssimo. Estou cansado, todo o meu corpo está tenso, minha cara está amarrada e estou com um atraso de uma semana no livro depois de uma pausa não planejada. É isso. Este é o presente. Não preciso gostar dele. Preciso admitir que é real e enfrentá-lo.

Minha respiração diminui e concentro minha atenção nas sensações desagradáveis em meu corpo — o peso em meu coração e o mal-estar em minha barriga. Com algo que lembra coragem, sinto-as, embora não queira fazer isso. Digo a mim mesmo: "Tudo o que você sente neste momento está completamente certo." A resistência surge em mim na mesma hora — uma voz que apenas não quer mais se sentir tão na merda.

É neste momento em que invoco a teoria sobre a natureza humana. A voz que quer uma fuga do meu sofrimento, a voz que muitos instrutores de meditação diriam a você para ignorar. Concentro minha atenção na voz e digo: "Eu sei que você não quer sofrer. Quer apenas tranquilidade e segurança. Essa é a linda natureza que você compartilha com todos os seres vivos. Também quero isso para você. Estou aqui para ajudar." Sou sincero ao dizer essas palavras.

A voz em mim é apaziguada e certa confiança é retomada. Volto minha atenção para o sofrimento em meu corpo, convidando-o a ser tão intenso quanto desejar. Dirijo-me à minha tensão, dizendo: "Vejo que você está sofrendo e estou aqui. Quero ouvir você." Minha respiração vai ficando mais lenta e profunda à medida que a tensão começa a desaparecer aos poucos.

Às vezes minha mente vagueia até que o nó de tensão em meu queixo me traz de volta. Retomo a prática sem qualquer vergonha por ter me distraído. Em vez disso, reconheço que há uma dor em mim que precisa de cuidado e atenção, e me comprometo a fazer isso. Digo a mim mesmo: "Você gostaria de poder proteger as pessoas que ama do sofrimento. Esse impulso é lindo. Não pode fazer isso, mas queria muito poder, então sofre. Vejo todo o amor em você."

Quando reconheço a beleza em meu sofrimento, ele se transforma. Sinto-me mais leve e minha cara amarrada se desfaz. Quase posso sorrir. Minha concentração aumenta quando mergulho em cada respiração e em todos os meus sentidos no momento presente. O desejo e a dor que carrego se tornam cada vez mais sutis, e minha experiência de descontração se torna mais profunda. Com o tempo, meu queixo também relaxa, meu coração parece mais leve e sinto-me em casa em mim mesmo de novo. Resta uma tremenda gratidão por todas as experiências positivas da minha vida.

CAPÍTULO 5

COMO PRESERVAR SUA HUMANIDADE QUANDO OS OUTROS SÃO BABACAS

> Um ser humano amar outro:
> essa talvez seja a mais difícil das tarefas,
> a maior de todas, o último teste e prova,
> o trabalho para o qual todos
> os trabalhos são só preparação.
>
> RILKE

Os seres humanos em geral são péssimos em se dar bem uns com os outros. Quer sejam duas pessoas apaixonadas, mas que não conseguem parar de magoar uma à outra, ou milhares de pessoas que tentam construir um movimento social, mas não concordam em nada — parece que não deveria ser tão difícil. Mas é.

Há várias razões diferentes para isso, mas muitas têm origem em como somos programados para perceber as ameaças. Por exemplo, quando você está seguro e feliz, as pessoas tendem a parecer legais. No entanto, quando está sofrendo — com medo, principalmente — as pessoas parecem pertencer a uma das duas categorias a seguir: (1) aquelas que fazem exatamente o que você gostaria que fizessem e (2) seus inimigos repugnantes e imprestáveis.

Em outras palavras, quando minha corrente sanguínea está cheia de cortisol e outros hormônios sinalizando perigo, é muito difícil me convencer de que você não é um babaca, a menos que faça tudo o que eu quero. Quando caímos nesses gatilhos, é muito mais difícil resolver um conflito, porque somos quase incapazes de fazer concessões. Em vez disso, pode ser útil priorizar o reconhecimento e a transformação de nosso próprio sofrimento primeiro. E então, encontrar soluções fica muito mais fácil.

A PIOR RODINHA DE PERCUSSÃO DO MUNDO

Durante os protestos do Occupy Wall Street, havia uma roda de percussão acontecendo na ponta do Zuccotti Park quase 24 horas por dia. Eu odiava aquela rodinha — e não era o único. Os moradores do bairro não paravam de reclamar do barulho, e as pessoas que tentavam organizar reuniões ou discussões no parque mal conseguiam se ouvir. Ainda assim, os percussionistas se recusavam a parar.

Um dia, realizamos uma sessão de mediação em um café nas proximidades. Uma representante dos moradores, um dos organizadores do protesto e um dos percussionistas estavam presentes. Eles pediram que eu fosse um dos dois mediadores. O representante dos percussionistas se chamava Jim, e ele logo explicou que várias das pessoas tocando os tambores eram sem-teto em Nova York muito antes de os protestos começarem e não gostavam que outros chegassem à sua cidade querendo mandar neles.

Quando a mulher representando os vizinhos explicou que seus filhos estavam com dificuldades para fazer o dever de casa por causa da música, Jim gritou com ela. Disse que ela era um "dano colateral", que estava tentando oprimi-lo e não havia lugar para ela na revolução. Quando o representante dos organizadores interveio dizendo que gostaria que houvesse um lugar para ela e que aquela moradora era parte dos 99%, Jim gritou que não se importava com os 99%, e que estava lá para a sua própria revolução.

Para mim, essa discussão é um microcosmo de tudo que há de errado com tantos movimentos sociais. Vistas de longe, essas pessoas deveriam ser aliadas naturais: um morador de rua com um temperamento revolucionário e um grupo de pessoas que se importam profundamente com a desigualdade econômica. No entanto, apesar de tudo o que tinham em comum, estavam se atacando, e a pessoa menos estável dominava a discussão.

Enquanto Jim se queixava, os outros clientes do café começaram a ir embora, e o gerente estava se preparando para nos expulsar. Tive vontade de gritar com Jim mandando-o calar a boca, e restavam-me pouquíssimas esperanças de que a reunião resolvesse qualquer coisa. Eu estava com raiva de Jim, com medo de ele atrapalhar o trabalho árduo de tantas outras pessoas, e não pude deixar de vê-lo como um adversário.

No entanto, eu estava ali como mediador. Eu me perguntei: "Consigo fazer isso ou é melhor jogar a toalha e ir embora?" Frustrado e atordoado, eu me desliguei da discussão e me concentrei nas minhas sensações físicas. Reconheci na mesma hora a dor intensa no rosto e no peito. Disse a mim mesmo: "Tudo o que você quer é ajudar as pessoas a se darem bem, e esse impulso é lindo. Você quer muito que esses protestos sejam bem-sucedidos e está com medo de não poder ajudar, então sofre." Levei um minuto sentindo aquele sofrimento e abri mão de tentar controlar a reunião. Eu precisava aceitar que, por mais que quisesse um resultado específico, ele poderia não acontecer.

Não há nada de derrotista em reconhecer que você não controla as outras pessoas. É a mais pura verdade. Por mais que eu quisesse uma sessão de mediação bem-sucedida, aparentemente não ia acontecer. Eu tinha estado em negação e isso alimentava minha raiva. Depois que abracei meu sofrimento, pude ver a situação com mais clareza.

Quando fiz isso, comecei a ver Jim com outros olhos. Seu comportamento desequilibrado parecia uma ameaça quando eu tentava controlar a reunião. Ao deixar isso para lá, eu o vi como era: alguém que tinha sido maltratado por muito tempo. Vi o sofrimento e o medo em seus olhos, e meu coração se abriu para ele.

Olhei para Jim com uma expressão muito diferente da que eu vinha assumindo até então na conversa, e disse seu nome em voz baixa. "Não posso falar pelos outros, mas fico feliz por você se importar tanto em fazer do mundo um lugar melhor e em ser tratado com respeito. O que quer que a gente decida aqui hoje, não quero perder o foco em fazer do mundo um lugar melhor e garantir que Jim e os percussionistas sejam *tratados com todo o respeito*." Todos os demais presentes na reunião assentiram ansiosos e olharam para Jim. Ele sorriu e seu rosto lembrava o de uma criança assustada, mas ele também assentiu. O tom da reunião mudou e, uma semana depois, tínhamos feito um acordo determinando que os percussionistas tocariam durante duas horas por dia no parque e depois marchariam pela cidade.

TRÊS ABORDAGENS DIANTE DO CONFLITO

Apesar de termos encontrado uma solução para o problema, parte de mim ainda detesta quanto tempo e energia são gastos resolvendo conflitos. É uma voz interna que diz algo tipo: "Se as pessoas não fossem tão idiotas e babacas, poderíamos nos concentrar em fazer do mundo um lugar melhor em vez de perder tanto tempo discutindo besteiras." Imagino que a maioria das pessoas se identifique com essa frustração.

No entanto, por mais irritante que seja, a resolução de conflitos é importantíssima, ainda mais porque as alternativas são terríveis. Há três possíveis abordagens ao conflito: (1) isolamento, (2) dominação e (3) diálogo.

Nunca haverá um relacionamento sem conflitos. Quando a merda acontece, nossa primeira opção é ir embora. Já abandonei muitos empregos, grupos, relacionamentos etc., e em geral fico feliz por ter agido assim. No entanto, se essa é a nossa única resposta ao conflito, acabamos isolados.

A segunda opção é o embate, no qual uma pessoa domina e a outra se submete. Às vezes, há uma briga para determinar o vencedor, mas, em outras situações, as pessoas assumem o mesmo papel — sempre dominam ou se submetem. De qualquer forma, utilizar essa abordagem para lidar com conflitos em geral significa que as necessidades do vencedor são importantes, e as do perdedor, não.

A terceira e mais complicada opção é o diálogo, quando procuramos resolver as divergências considerando que *todas* as demandas serão importantes. Talvez não saibamos como atender às necessidades de todos com perfeição, mas podemos tentar. Para mim, a característica que define o diálogo é que (em sua melhor forma) todos estão do mesmo lado, tentando descobrir como atender ao máximo às necessidades. Não sou eu defendendo minhas vontades, e você, as suas. Estamos trabalhando juntos para encontrar uma solução que atenda ao maior número das nossas *necessidades coletivas*.

Pode parecer pouco realista, mas não é. Na verdade, com treinamento, você pode aprender a criar esse tipo de relação mesmo com pessoas que são péssimas em se comunicar. É difícil e nem sempre funciona, mas é muito mais fácil melhorar do que a maioria das pessoas acredita.

OS DOIS VENENOS: CRÍTICAS E EXIGÊNCIAS

Quando estão em conflito, a maioria das pessoas para de enxergar a humanidade na outra pessoa. O outro se torna um obstáculo, um tirano ou descartável. Mas, e se pudéssemos ser plenos — e continuar conectados — mesmo frente a um conflito? E se conseguíssemos enxergar que a outra pessoa está tentando evitar o sofrimento e satisfazer suas necessidades assim como nós? E se pudéssemos valorizar o bem-estar da outra pessoa sem abrir mão do compromisso com o nosso? Basicamente, veríamos que ambas as demandas são importantes, mesmo quando não fazemos ideia de como resolver o problema.

Para mim, essa é a essência do diálogo. Nem sempre vamos atender a todas as necessidades ou resolver todos os problemas. Porém, podemos abordar conflitos tendo em mente que quaisquer solicitações são relevantes. O objetivo real é que todos os lados se valorizem igualmente. Se eu sinto que você valoriza minhas necessidades tanto quanto as suas, posso tolerar a (grande) possibilidade de que elas não sejam perfeitamente atendidas.

No entanto, existem dois obstáculos principais — dois venenos — que atrapalham esse tipo de diálogo: as *críticas* e as *exigências*. As *críticas* são qualquer julgamento negativo sobre a outra pessoa (ou sobre si mesmo). É um veneno quando são injustas e igualmente ruins mesmo quando justificadas. Não importa se a sua crítica é procedente, porque, de qualquer forma, ela vai destruir a possibilidade de um diálogo real.

Não é uma questão de extremos, de fazer críticas ou de ser uma mosca morta sem necessidades, mas sim de reconhecer que sua crítica é baseada no não atendimento de suas petições. O diálogo é possível caso você se concentre no que deseja e não no fato de que a outra pessoa é um lixo por não tê-lo atendido. Ele só é genuíno quando ambas as partes são consideradas. Dizer que a crítica destrói o diálogo não significa que devamos ignorar ou minimizar nossas próprias necessidades, porque isso seria submissão, não diálogo.

A crítica às vezes é completamente justificada, mas também é trágica. Isso porque, no fundo, toda crítica está enraizada na seguinte verdade: "Odeio que você esteja agindo como se minhas necessidades não fossem importantes." Quando expressamos isso como um problema, em geral fica ainda menos provável que a outra pessoa, de repente, veja beleza em nossas necessidades.

Imagine se você tivesse feito algo que um colega de trabalho considerasse falta de respeito. Talvez fosse apenas um mal-entendido ou talvez você tivesse sido meio babaca mesmo. Não importa. Como acha que reagiria se a pessoa o chamasse de idiota, com uma expressão de desprezo no rosto? Agora imagine que, em vez disso, ela dissesse: "Eu gostaria de sentir que você me respeita, mas no momento não é o que estou sentindo. Você pode me ajudar a entender por que fez isso?" No segundo exemplo, a necessidade é expressa de maneira direta. Isso não garante que a reação seja positiva, mas com certeza as chances aumentam.

O outro veneno para o diálogo são as *exigências*, ou seja, pedir algo específico e, caso a exigência não seja atendida, impor a outra pessoa consequências negativas. Quando pedimos alguma coisa, todos preferimos que a outra pessoa atenda ao pedido porque quer. Se eu pedir a um amigo que me busque no aeroporto e ele revirar os olhos e concordar com uma expressão sofrida, a sensação não é boa. Sem dúvida, eu preferiria que ele se mostrasse animado e dissesse: "Claro! Vai ser um prazer."

Quando exigimos algo de alguém, tornamos impossível para a pessoa concordar de boa vontade. Ela pode ceder à pressão ou recusar. De um jeito ou de outro, ao fazermos exigências, não teremos nosso desfecho preferido.

Assim como acontece com as críticas, há uma necessidade não atendida sob cada exigência. Imagine se eu dissesse: "Já busquei você no aeroporto três vezes e você nunca fez o mesmo por mim." É óbvio que quero uma carona para casa, mas o que eu desejo, lá no fundo? Que você fique feliz em me buscar. No entanto, estou com medo de que isso não seja possível. Em vez disso, acredito que a única maneira de conseguir que você me ajude é por meio de uma ameaça. "Se você não me buscar, é uma pessoa má e um péssimo amigo, e vai pagar por isso."

Uma maneira de evitar fazer exigências é deixar fácil para a outra pessoa dizer "não". Por exemplo, eu poderia falar: "Tenho várias opções para vir do aeroporto, mas a melhor de todas seria se você pudesse me buscar." Assim, estou comunicando uma oportunidade de fazer minha vida melhor, que uma carona com você seria minha maneira favorita de voltar para casa. É como se eu dissesse: "Não faça isso porque está com medo de que eu o julgue caso contrário. Faça se achar divertido."

Todos temos medo de que as outras pessoas só façam coisas por nós porque estão recebendo algo em troca ou porque querem evitar uma consequência negativa. No entanto, isso não é verdade. O segredo para que as pessoas gostem de fazer coisas por você é aprender a ver a beleza em nossas próprias necessidades e nas delas. Se você acredita que suas necessidades são fardos, será difícil para alguém vê-las de outra forma. Quando você faz um pedido confiante de que as necessidades de ambas as pessoas têm valor, é muito mais provável que você receba a resposta desejada.

Portanto, para ambos os venenos — críticas e exigências — o segredo é reconhecer que sempre há uma necessidade não atendida por trás. Se perceber que está fazendo exigências ou sentir vontade de criticar a si mesmo ou aos outros, procure a necessidade não atendida. Depois de encontrá-la, tente enxergar sua beleza. Então, se comunique a partir dessa compreensão.

O exemplo mais poderoso desse processo em minha vida foi quando pedi Annie em casamento. Saímos para um passeio pelo Panhandle do Golden Gate Park, li para ela um poema que havia escrito e depois me ajoelhei. Quando fiz o pedido, ela respondeu: "Obrigada."

Eu não tinha certeza do que "obrigada" significava, mas depois de uma conversa ficou claro que não era um "sim". Estava mais para "Por enquanto não, talvez um dia". Naquela época, morávamos juntos em um trailer de dois cômodos no centro de educação ambiental onde ela trabalhava. As semanas seguintes não foram nada agradáveis.

Fiquei de coração partido. Senti como se tivesse me aberto para ela e sido rejeitado. Sempre perguntava o que ela precisava esclarecer antes de saber se queria se casar comigo, mas nunca recebia uma resposta exata. Quanto mais a situação se prolongava, mais eu implorava por clareza. Eu dizia: "Se você não sabe, tente descobrir, por favor." Eu me sentia desesperado e impotente. Isso durou cerca de seis meses. Eu pedia mais informações, ela se esquivava de uma resposta.

Um dia, ela disse: "Sinto que quanto mais pressão você coloca em mim, mais difícil fica de responder suas perguntas.

Eu gostaria muito de ter uma resposta, mas não quero sentir que estou fazendo isso porque você está me forçando." Ao ouvir isso, fiquei furioso. Eu estava sofrendo tanto e tudo o que queria era uma resposta honesta.

Do meu ponto de vista, eu vinha tentando lhe dizer o quanto sua indecisão estava me magoando, mas não era assim que ela enxergava a situação. Annie via aquilo como uma exigência, o que estava destruindo nossa relação. Então tirei um tempo para pensar em como poderia expressar minhas necessidades de forma mais direta.

Minha primeira atitude foi entender quais eram minhas necessidades. Então fiz um experimento mental: me perguntei o que faria se tivesse poderes mágicos e pudesse controlar a situação. A resposta era que eu gostaria que Annie me dissesse suas preocupações e nós trabalhássemos juntos nesses obstáculos. Então me perguntei por que isso seria bom — quais demandas seriam atendidas? A principal era a conexão. Eu me sentiria mais próximo dela e mais seguro em nosso relacionamento. Ter clareza também seria bom, mas era algo secundário. Eu queria sobretudo me sentir mais seguro sobre nossa conexão.

Depois de compreender minhas necessidades, precisei encontrar uma maneira de expressá-las que também respeitasse as de autonomia de Annie. Fiz o melhor possível para comunicar tudo isso a ela. Disse algo como: "Tenho medo de perder o nosso relacionamento e não sei como expressar isso sem tirar sua liberdade." Ela respondeu que também estava com medo de perdê-lo. Quando ouvi isso, tive vontade de gritar: "Então descubra logo do que você precisa e me diga!" Foi preciso todo o meu autocontrole para não dizer isso em voz alta. Queria que ela visse a beleza das minhas necessidades e se sentisse livre para reagir como quisesse.

Então, na verdade, falei: "Nós realmente valorizamos nosso relacionamento e estamos ambos com medo de perdê-lo." E deixei por isso mesmo. Era o que estava por trás das minhas exigências e eu finalmente havia expressado de um jeito que considerava as necessidades de ambos (a nossa necessidade de manter a conexão e a necessidade dela de autonomia).

Na semana seguinte, tive o cuidado de não lhe dizer o que fazer. Finalmente, pude enxergar beleza e valor em sua ânsia por autonomia. Eu não queria estar em um relacionamento no qual minha parceira se sentisse manipulada por mim (e, portanto, ficasse ressentida). Queria que ela se sentisse completamente livre para ser quem é. Então, sempre que me sentia inseguro, expressava que sua busca por autossuficiência era tão importante para mim quanto minhas necessidades de conexão e clareza.

Ao fim da semana, ela havia expressado três preocupações concretas que tinha em relação ao casamento. Conversamos abertamente sobre elas e decidimos o que fazer. Fiz o pedido formal mais uma vez e recebi um "sim" verdadeiro. Fiquei muito grato por termos conseguido encontrar uma maneira de valorizar nossas necessidades.

Essa história mostra como exigências e críticas não se resumem ao que você diz. São ainda mais sobre o que a outra pessoa escuta. Há quem seja tão bom em se comunicar que é capaz de ouvir a necessidade não importa o que a outra parte diga. Posso gritar "Foda-se!" e essas pessoas vão responder: "Quero que você se sinta respeitado. O que posso fazer para ajudá-lo a sentir isso?" Por outro lado, há também aqueles que só ouvem críticas e exigências, não importa o que seja dito. Você poderia dizer: "Que bom que você conseguiu vir à festa" e elas vão responder: "Posso ir embora quando você quiser."

Sinto que a maioria das chamadas "técnicas de comunicação" soam forçadas quando usadas na vida real. No entanto, esta é incrível:

A melhor técnica de comunicação de todos os tempos
PARTE UM
- Sempre que a comunicação estiver indo mal, tire um minuto para se perguntar se está fazendo críticas ou exigências.
- Se estiver, pense em que necessidades não atendidas estão por trás das críticas ou das exigências. Nomeie-as mentalmente.
- Tente imaginar a outra pessoa feliz em atender à sua necessidade e totalmente livre para fazer isso à sua maneira.
- Tente expressar sua necessidade de maneira direta, sem críticas ou exigências.

PARTE DOIS
- Se a outra pessoa ainda assim tiver uma reação negativa, diga o seguinte:
    » "Sinto que não estou me expressando com clareza. Você pode me dizer o que pareço estar dizendo?" O truque é dizer isso independentemente de estar se expressando com clareza ou não. É uma maneira de ajudar a outra pessoa a se sentir à vontade dizendo o que ouviu sem soar condescendente.
    » Ela vai lhe dizer a crítica ou a exigência que está ouvindo. Pode ser por causa de uma expressão não verbal que notou em você ou pode ser cem por cento sua própria projeção. Não importa.
    » Você diz: "Sinto muito se pareceu isso. Acho que não estou me expressando bem. O que estou tentando dizer é [explique sua necessidade diretamente]. Acha que é diferente? O que você ouviu dessa vez?"

> » Faça isso até que a pessoa ouça sua necessidade sem críticas ou exigências.
- Sério. Funciona mesmo.

Quando você diz para eu me concentrar primeiro no meu próprio sofrimento, está querendo dizer que preciso estar em paz e esclarecido antes de abordar um conflito? Porque se sim, isso é idiota.

Não, eu não quis dizer essa idiotice. Eu disse algo bem mais inteligente. É o seguinte: às vezes, quando estamos mergulhados em um conflito intenso, acabamos nos revezando na troca de socos (emocionais). Cada pessoa tem sua capacidade limitada de tolerar a angústia, e, em determinado momento, tentar conversar não surte mais efeito. Talvez você seja mesmo incrível em conflitos explosivos e não tenha gatilhos que o façam sair atacando os outros (emocionalmente falando). Se for assim, ótimo.

Estou falando das pessoas que têm gatilhos em discussões e acabam causando mais danos do que o necessário. Precisamos conhecer nossos próprios limites e admitir que há momentos em que é útil se afastar um pouco. Não fazemos isso para punir a outra pessoa ou evitar o conflito. Fazemos isso para abraçar e transformar o sofrimento em nosso corpo, para que possamos retornar ao conflito com mais chances de obter um resultado positivo.

Isso não significa que precisamos esperar até estarmos totalmente em paz. Nem sei o que isso significaria. Há monges tibetanos que podem entrar em estados tão profundos de paz que nem esboçariam reação se você atirasse ao lado de sua cabeça. Eu seria um idiota se achasse que esse é o único estado em que é possível a resolução de conflitos. Não, nós apenas nos acalmamos o suficiente para permanecermos plenos. Espero que as práticas neste livro possam ajudar nisso.

Meu professor Thich Nhat Hanh ensinou uma prática chamada *O Tratado de Paz*. O conselho dele era que, assim que você percebesse que está com raiva, deveria contar ao outro dentro de vinte e quatro horas. Você diria: "Estou sofrendo agora. Tem algo a ver com o nosso relacionamento, mas não consigo saber bem o quê. Vou priorizar a prática com o meu sofrimento nos próximos dias. Depois de ter alguma clareza, gostaria de conversar com você." Nem sempre faço isso, mas funciona muito bem quando consigo.

Tenho algumas pessoas muito nocivas na minha vida. Você quer dizer que tenho que fazê-las enxergar a beleza em minhas necessidades?

Não. Terminar relacionamentos é sempre uma opção e, às vezes, é melhor do que tentar dialogar. Também acho que há algumas circunstâncias em que a opção do embate (para assumir o controle ou se submeter) é mais prática do que o diálogo. Dito isso, há momentos em que tentar conversar com pessoas nocivas pode ser realmente recompensador. Ninguém é assim porque é feliz. As pessoas difíceis em sua vida agem dessa maneira porque estão sofrendo. Lembre-se, os orcs não passam de elfos torturados.

Isso não justifica o mau comportamento. No entanto, cria uma abertura para estabelecer uma conexão. Se eu acredito que alguém faz o que faz porque está tentando me irritar, provavelmente não verei humanidade nessa pessoa. Mas se eu conseguir enxergar o sofrimento do outro e ver que ele quer ser feliz mas não faz ideia de como, posso me identificar com ele.

Quanto mais destrutivo for o comportamento de alguém, mais preciosa é a necessidade que essa pessoa está tentando preencher. Se alguém grita, joga os móveis e inventa novos palavrões, isso significa que a necessidade que o motiva é vital. Ele está reagindo a algo que lhe parece uma ameaça séria à sua segurança física ou à sua autoestima básica. Se você refletir essa necessidade de volta — dizer algo como "estou vendo que você só quer se sentir compreendido" —, ficará surpreso com o quanto pode acalmar a situação. Já fiz isso com pessoas no meio de um surto psicótico e ainda assim obtive uma boa resposta.

Sinto que não tenho conflito suficiente no meu relacionamento. Nós só temos uma pilha gigantesca de ressentimentos sobre a qual não falamos. Isso é uma pergunta?

Claro. Críticas e exigências não expressas muitas vezes são mais danosas do que brigas aos berros. Mas a prática é a mesma. Você reconhece e nomeia quaisquer críticas e exigências que estejam presentes em seu relacionamento (mesmo que não sejam verbalizadas). Então procura as necessidades não satisfeitas por trás delas. Por fim, expressa-as sem rodeios e incentiva seu parceiro a fazer o mesmo. As críticas e as exigências na verdade são ótimas, porque chamam atenção para as necessidades não satisfeitas que precisamos resolver.

Certo, fiz isso. Expressei minhas necessidades e a outra pessoa pareceu apreciá-las. No entanto, consigo ver que ela tem necessidades não satisfeitas que está se recusando a discutir. E agora?

Existe uma coisa chamada *palpite empático*. A primeira parte consiste em dizer o que observa sobre o seu parceiro ou sua parceira da maneira mais objetiva e sem julgamento possível. Por exemplo: "Sinto que você entende minha necessidade de intimidade, mas quando falamos sobre o assunto, há algo em sua expressão que não entendo." Você pode descrever, mas não interpretar. Essa descrição deve ser a mais objetiva possível. Por exemplo, "parece que você está escondendo alguma coisa" é bastante subjetivo. "Seu rosto está tenso" é melhor.

A segunda parte de um palpite empático é tentar adivinhar. Não aja como se soubesse qual é a necessidade do outro, mesmo que tenha certeza de que sabe, porque pode estar errado. Você pode dizer algo como: "Quando vejo essa expressão em seu rosto, me pergunto se você gostaria de mais liberdade e autonomia. Ou se há outra coisa que tornaria sua vida melhor." A parte boa de um palpite empático é que ele orienta a outra pessoa a pensar em termos de necessidades e também mostra que elas são importantes para você.

É muito comum nos relacionamentos que uma pessoa precise de mais intimidade, e a outra, de mais autonomia. Quando isso acontece, pode ser um pouco assustador, como se suas necessidades estivessem em conflito. Mas não. É possível ter intimidade e autonomia ao mesmo tempo. Ambos podem ser importantes e atendidos. Talvez seja difícil descobrir como fazer isso, mas noventa por cento da tensão desaparece assim que as duas pessoas concordam que querem mais intimidade para um e mais liberdade para o outro. Você não precisa resolver o problema de imediato. A experiência de "nós valorizamos as necessidades de ambas as partes, mesmo que não seja possível atendê-las perfeitamente" é a essência de um relacionamento com uma boa conexão.

Não tenho a mínima ideia de como adivinhar as necessidades de outra pessoa. Não sei nem do que preciso. Como posso adivinhar minhas próprias necessidades?

É preciso muita prática para ouvir as necessidades que estão por trás das críticas e das exigências. Felizmente, ela pode ser divertida. Vamos passar um dia na vida do seu amigo autor e prestar atenção em alguns dos pensamentos maus, baixos e terríveis que surgem em sua mente. Então, procuraremos as necessidades — a energia vital — que os motivam.

- Situação: estou andando em um corredor e alguém vem da direção oposta. Eu estou do lado direito, mas a outra pessoa não vai para a minha esquerda para que possamos passar, vindo para cima de mim. Então, tenho que parar e encostar na parede até que ela passe.
  » Pensamento: "Qual é o seu problema, porra?"
  » Necessidade: "Eu gostaria que pudéssemos dividir este espaço e tivéssemos consideração um pelo outro. Eu também gostaria de entender seu ponto de vista e saber por que você fez isso."

Fiz a tradução da seguinte maneira: eu me imaginei outra vez naquela cena, bem enquanto criticava a outra pessoa. Não disse a mim mesmo que não fizesse isso ou que me convencesse de que ela devia ser uma boa pessoa. Eu me perguntei: "O que você gostaria que tivesse acontecido?" Eu desejava ter sido notado e obtido espaço. Então me perguntei: "Por que isso seria bom? Quais necessidades isso atenderia?" E foi assim que obtive minhas respostas: consideração e compreensão. Vamos para a próxima.

- Situação: estou em um café e tenho que fazer o número dois. O cara sai do banheiro e quando eu entro vejo que o assento do vaso está todo mijado.
  » Pensamento: "VAI SE FODER!!!"
  » Necessidade: consideração, respeito (não só por mim, mas também pelas outras pessoas) e, principalmente, entendimento. "Eu gostaria de saber o que faz uma pessoa mijar em um banheiro público sem levantar o assento, porque agora é difícil para mim ver você como um ser humano tentando criar felicidade no mundo. Ninguém se importou o suficiente com você para lhe ensinar sobre as consequências disso? Você estava com medo de tocar no assento? Se eu pudesse entender como tentou atender às suas necessidades, acho que não me ressentiria tanto."

É divertido, não? Tente também. Pense em uma crítica ou exigência em sua vida agora. Que pessoa você não está aceitando como é? Permita-se entrar em contato com esse sentimento vivo e brilhante de não aceitação. Depois de fazer isso, pergunte a si mesmo: "Como eu gostaria que as coisas fossem?" Não precisa ser possível. Pode ser como você mudaria tudo se tivesse poderes mágicos. O objetivo do exercício é apenas ouvir a necessidade em si mesmo. Anote sua resposta. Então se pergunte: "Por que isso seria tão bom? Quais necessidades isso atenderia?" Agora, imagine-se na situação ou no relacionamento e expresse suas necessidades de maneira direta. Como você se sente?

CAPÍTULO 6

POR QUE COISAS RUINS ACONTECEM?

Aprender quais perguntas são impossíveis de responder e não respondê-las: essa habilidade é muitíssimo necessária em tempos de tensão e escuridão.

URSULA K. LE GUIN

Quando eu tinha 17 anos, minha mãe entrou no meu quarto com uma matéria de jornal e uma expressão sombria. Ela perguntou se eu sabia que tinha um meio-irmão. Fiquei de queixo caído. Não preciso nem dizer que não fazia ideia, já que ela nunca havia me contado. Ela explicou que meu pai (que jamais conheci) tinha dois outros filhos, ambos muito mais velhos. O recorte de jornal dizia que meu meio-irmão acabara de perder sua licença de cirurgião por realizar operações desnecessárias sob efeito de heroína. Ele era acusado de homicídio culposo porque alguns de seus pacientes haviam morrido.

Como era de se esperar, meu cérebro de 17 anos quase explodiu. Corri para o meu Camaro de duzentos dólares e dirigi pelas ruas de Boston a oitenta quilômetros por hora até a casa do meu amigo, Leon. Quando entrei e lhe contei o que acabara de acontecer, me sentia autodestrutivo. Não tinha ideia do que queria fazer, mas não sentia muito apego à vida.

Leon ouviu e ficou quieto um tempo. Então me perguntou: "O que isso tem a ver com você?"

Eu disse: "É o meu irmão, porra! Eu nem sabia que tinha um irmão e ele é um assassino!"

Leon respondeu: "Tá. E daí?"

Fiquei realmente chocado por ele não entender por que aquilo me incomodava. No entanto, quando tentei explicar, descobri que não conseguia. *Por que* doía tanto, afinal? Nenhuma das histórias que passaram pela minha mente respondia de fato à pergunta de Leon. Eu não estava com raiva da minha mãe. Mais do que tudo, sentia nojo de mim mesmo, mas não sabia dizer por quê.

Leon já sofrera muito. Parentes dele já tinham morrido ou ido para a cadeia, então não era como se não se identificasse comigo. Ele perguntou qual o impacto direto dessa notícia — como ela mudava minha vida —, e eu não tinha uma resposta. Então percebi que a única coisa realmente afetada era a minha *narrativa* sobre quem eu era. Se eu tinha um irmão tão merda, devia ser só questão de tempo até eu ter o mesmo destino — destruir a mim mesmo e a todos ao meu redor. Só tinha ouvido algumas frases sobre ele, mas o achei parecido comigo. Era muito inteligente (cirurgião), assim como um rebelde "foda-se o mundo". Esse era eu, e senti como se olhasse para o meu próprio futuro.

Com alguma dificuldade, expliquei isso para Leon, que deu de ombros e disse: "Você não é seu irmão, cara." Senti uma onda de alívio e comecei a chorar. Ele me deu um abraço e passamos o resto do dia jogando videogame.

O PROBLEMA DO *POR QUÊ*

Por que coisas ruins acontecem? Por que as pessoas fazem coisas ruins? As histórias que criamos para explicar *por que* as coisas acontecem têm um impacto profundo em nós. Elas moldam como nos sentimos sobre nós mesmos, outras pessoas e o mundo.

Por exemplo, existem infinitas maneiras de explicar o comportamento do meu irmão. Tire um segundo para pensar por que *você* acha que meu irmão fez o que fez. Acha que ele é mau? Que estava doente? Talvez fosse a vítima inocente de seu condicionamento? Tenho certeza de que consegue imaginar uma explicação para seu comportamento que o pinta como uma criatura sem valor e desprezível merecedora de morte. Você provavelmente também pode imaginar uma explicação que desperta pena dele.

Se queremos ser capazes de enxergar o que há de errado com o mundo sem sermos destruídos por isso — ou seja, se quisermos ter um impacto positivo —, é fundamental perguntar: **Por que coisas ruins acontecem?** Nossas explicações podem causar ódio em relação a nós mesmos e às outras pessoas, fazer com que a gente se sinta impotente, ou fortalecer nossa capacidade de sermos plenos.

A pergunta pode ser dividida em duas partes. A primeira, menor, é psicológica: por que as pessoas fazem coisas ruins? A segunda é existencial: por que coisas ruins sequer acontecem?

A menor parte

Vamos começar com a pergunta psicológica. Por que as pessoas fazem coisas ruins?

Antes de elaborarmos uma solução para qualquer dessas questões, temos que lidar com o fato de que elas não têm respostas definitivas. Existem inúmeras explicações para o comportamento das pessoas. Se você acredita que apenas uma delas pode ser verdadeira, faria sentido descobrir qual é. No entanto, algumas perguntas simplesmente não funcionam assim.

Muitas teorias sobre o comportamento humano são problemáticas. Podem ter inconsistências internas, ser ruins em prever como as pessoas realmente se comportam.

Não precisamos nem perder tempo com elas. No entanto, há também muitas ótimas explicações. São mais ou menos viáveis na mesma medida, e não há como determinar qual delas é a única verdadeira. Na verdade, existe um termo científico para descrever essa situação. O princípio da *subdeterminação* significa que qualquer conjunto de dados sempre pode ser explicado de várias maneiras.

Se não temos como saber qual teoria do comportamento é a única verdadeira, faria sentido adotar uma que nos seja útil — que torne mais fácil se relacionar com compaixão. Acredito que a da natureza humana que descrevi no capítulo 4 seja assim. Então, para dar uma resposta direta à nossa pergunta:

- Por que as pessoas fazem coisas ruins?
- Porque todo mundo sofre. Todo mundo tenta evitar o sofrimento e atender às próprias necessidades da melhor maneira possível, com base nos modelos imperfeitos de funcionamento do mundo, que são limitados aos padrões que seus cérebros enxergaram em suas experiências anteriores. Em outras palavras, todos estão buscando a felicidade, mas não sabem como.

Esse ponto de vista foi articulado de maneira linda por um ativista em Ferguson, no Missouri, durante a agitação que se seguiu ao homicídio de Michael Brown. Perto da delegacia em Ferguson, há um restaurante mexicano que não parava de ser vandalizado durante os protestos. Na reunião da comunidade, uma das donas se manifestou: "O restaurante da minha família continua sendo destruído. Não vejo como essa violência e esses tumultos estão ajudando." Muitas pessoas que estavam assistindo a Ferguson no noticiário pensavam de maneira parecida.

Quando a primeira terminou de falar, outra mulher se levantou para responder. Ativista da comunidade de Ferguson havia muitos anos, ela disse: "Muitos de nós estamos tentando de todas as maneiras acabar com a violência policial. Estamos trabalhando com o sistema há muito tempo e nada mudou a situação. Se soubéssemos como pôr fim à morte de inocentes de uma forma que não perturbasse ninguém, juro por Deus que o faríamos. Não sei se esses protestos vão trazer a mudança que queremos. Mas sei que voltar a preencher relatórios e cooperar com o sistema não trarão. Nós tentamos esse caminho antes e não levou a lugar nenhum. É a primeira vez que as pessoas estão prestando atenção ao que está acontecendo aqui, então muitos acham que pode estar funcionando. Gostaria muito que isso não prejudicasse a sua família, mas espero que você entenda."

Tenho certeza de que você tem suas opiniões sobre o ponto de vista dessa ativista. Talvez seu reflexo seja discutir com ela, talvez defendê-la. É possível que sinta vontade de conversar com ela sobre outras possibilidades. Essa é a oportunidade perfeita para analisar o que está por trás do conteúdo exposto e criar uma conexão real.

Concordar, discordar e educar — tudo isso tem o seu lugar. No entanto, são um milhão de vezes mais eficazes se vierem depois de se estabelecer uma conexão com base nas necessidades. Deixe de lado as suas opiniões por alguns instantes. Olhe para as suas necessidades e as da ativista. Ela quer impedir a violência policial desnecessária, mas não sabe como. Você se identifica com isso? Mesmo que ache que sabe como dar fim a essas mortes, consegue se imaginar no lugar dela? Tenho certeza de que compreende seu desejo de impedir a violência desnecessária. Também acredito que, se soubesse exatamente como resolver esse problema, já o teria feito. Portanto, antes de concordar ou discordar de sua estratégia, respire fundo e lembre-se de que ambos querem a mesma coisa, mas ninguém sabe como atingir esse objetivo.

Essa maneira de ver as pessoas não lhe transforma automaticamente em Gandhi. Você não se torna um monge tibetano que sente apenas compaixão pelo soldado chinês que o tortura. Se alguém quebrar suas janelas, pode não haver uma maneira de reavaliar a situação que faça você se sentir bem com isso, e talvez não haja mesmo.

O valor dessa forma de pensamento começa com a nossa intenção de ser plenos em um mundo caótico. Queremos ser capazes de ver situações como essa sem ficarmos tão zangados ou deprimidos a ponto de não podermos mais ser úteis. Com esse objetivo em mente, podemos pensar nesse ponto de vista como uma habilidade a ser desenvolvida por meio da prática deliberada. Se quiser internalizar essa maneira de pensar para, então, mudar seus sentimentos em relação às pessoas, só é preciso treinamento.

PRÁTICA

- Pense em algo que você fez que causou sofrimento a alguém.
- Tente ter empatia consigo mesmo no momento exato em que fez essa escolha. Observe como estava sofrendo e procurando uma saída para a sua dor. Se soubesse como atender às suas necessidades sem ferir ninguém, reflita se teria feito isso.

- Pensando em retrospecto, talvez aviste uma escolha que teria sido melhor. No entanto, isso não é motivo para se envergonhar. Significa que você aprendeu algo desde então, o que é positivo.
- Repita este processo com a escolha de *outra pessoa* que tenha causado sofrimento a alguém.
- Quanto mais você praticar, mais natural se torna essa forma de pensamento.

A Bondade do Sofrimento

Agora, a questão existencial: por que coisas ruins acontecem? Para mim, essa pergunta é sobre como nos relacionamos com todas as coisas da vida que não podemos controlar. A oração da serenidade, popularizada pelos grupos de doze passos, diz:

Senhor, conceda-me a serenidade para aceitar
aquilo que não posso mudar,
a coragem para mudar o que me for possível
e a sabedoria para saber discernir entre as duas.

Então, há várias coisas na vida que podemos controlar (pelo menos até certo ponto) e uma porrada que não podemos. Se pudermos fazer algo para reduzir o sofrimento, é claro que devemos colocar em prática. No entanto, também estamos vulneráveis a forças sobre as quais não temos nenhum poder.

É muito difícil aceitar esse grau de impotência, a não ser quando acreditamos que "aquilo que não posso mudar" é de algum modo benevolente. Se acreditarmos que o que não pode ser mudado é completamente aleatório, não se importa conosco ou talvez seja até hostil, admitir nossa impotência pode ser aterrorizante.

Muitos de nós tentamos negar nossa impotência em vez de encontrarmos uma maneira de aceitá-la. Quando a vida vai bem, em vez de nos sentirmos gratos, nos convencemos de que somos os todo-poderosos responsáveis por isso (a galera da Ayn Rand). Quando a vida está uma merda, a gente se culpa e torna o sofrimento mil vezes pior. Tentamos controlar coisas que não podem ser controladas e isso nos deixa loucos.

Em essência, essa também é uma questão de confiança *versus* desconfiança — o primeiro estágio do desenvolvimento psicossocial, segundo Erik Erikson. Se não conseguirmos desenvolver uma confiança básica em relação ao que não podemos controlar, nunca nos sentiremos seguros de verdade.

Ao longo da história, as pessoas têm debatido por que coisas ruins acontecem. O filósofo alemão Gottfried Wilhelm Leibniz acreditava que essa era uma das questões mais importantes de toda a filosofia. Ele a chamou de problema da teodiceia e, como filósofo cristão, sua formulação foi teológica. Leibniz perguntou: Se Deus é onipotente e completamente bom, por que o mal existe? Quando penso nessa questão, eu a expresso em termos mais seculares, como por exemplo: Como posso me sentir bem com a vida se há tanto sofrimento no mundo? Ou então: Como posso me sentir minimamente seguro quando há tão pouco que posso controlar?

Quando pensa no mundo como um todo — ainda mais quando considera tudo que não pode controlar —, você pode acreditar que tudo é totalmente caótico e aleatório ou que o mundo é regido de alguma forma. Se acredita na segunda opção, talvez acredite que o mundo é governado por um Deus, vários deuses ou alguma outra força. Além disso, você pode ou não acreditar que essa força regente se preocupa com seu bem-estar individual.

Se você espera (ou teme) que eu vá argumentar sobre a melhor maneira de pensar essas questões, saiba que não vou. Sua resposta para a pergunta "por que o sofrimento existe?" é incrivelmente pessoal. Mas compartilharei o que penso sobre o assunto e algumas ideias que considero úteis.

A resposta principal para essa pergunta no pensamento ocidental tem sido que existe um Deus onipotente autor de tudo o que acontece. Você não precisa ter medo das coisas que não pode controlar porque Deus as controla e Ele é super legal. Como Leibniz aponta, no entanto, existem algumas contradições nesse pensamento, que eu acredito serem mais bem articuladas por uma manchete do *The Onion*, um jornal satírico: "Deus admite que é viciado em matar bebês." Muitas coisas terríveis acontecem no mundo, e se você acredita que existe um Deus que é autor de tudo, tem que se perguntar *por quê*. Isso nos leva de volta à nossa pergunta original: por que coisas ruins acontecem?

Muitos pensadores responderam dizendo que a compreensão disso está além da nossa capacidade. Deus matou todos esses bebês (ou permitiu que humanos os matassem), então deve haver um motivo para isso, mas não sabemos qual é. Se você se convencer a acreditar nisso, essa resposta pode oferecer muita serenidade, ajudando-o a desistir de tentar entender. No entanto, para mim, "não pense nisso" nem sempre funciona.

O próprio Leibniz articulou uma ideia semelhante à do budismo tibetano. Ele disse que este mundo deve ser "o melhor de todos os mundos possíveis". É semelhante à noção do budismo tibetano de que o reino humano é o melhor para nascer. Essa corrente budista fala de vários reinos nos quais alguém pode nascer. Há um reino animal, um infernal, um humano, um *deva* e assim por diante. De todos os possíveis, o humano é o melhor. Acha difícil acreditar? Aqui está o ensinamento:

Se você nasce como um animal selvagem, sua vida é tão cheia de medo e fome que você não tem oportunidade de se desenvolver espiritualmente. Veredicto: não é o melhor. Por outro lado, se você nasce no reino *deva*, significa que tem tudo o que quer na hora que quer. No reino *deva*, todos os seus desejos são instantaneamente realizados e você nunca tem que lidar com a impotência. Nesse reino, pizza e sorvete fazem bem a você, e todos sabem como amá-lo da maneira exata que você deseja, sem que nada precise ser explicado. Apesar de parecer bom, o ensinamento diz que não é o melhor lugar para se estar. Nascer no reino *deva* significa que você nunca terá a oportunidade de desenvolver algo que possa ser considerado uma virtude — paciência, compaixão, resiliência, gratidão. Então, quando seu bom karma se esgota e você sai desse reino, você experimenta uma das experiências mais dolorosas possíveis. Não consegue lidar com a perda.

O reino humano, por sua vez, tem *a quantidade certa de sofrimento* para nos encorajar a crescer espiritualmente sem nos dominar por completo. Não interpreto esse ensinamento como um renascimento literal em outros reinos (e há muitos professores budistas tibetanos que também não). Em vez disso, acredito que todos nós tenhamos momentos em que vivemos em um reino infernal e momentos em que a vida parece um reino *deva*.

O que é brilhante nesse ensinamento, na minha opinião, é que ele nos lembra da bondade do sofrimento. Seu ego vive dizendo que você seria mais feliz se estivesse em um reino *deva*. Na verdade, isso é tudo o que ele faz. Diz que o mundo seria melhor se você conseguisse tudo o que quer e se nada de ruim acontecesse. Esse ensinamento pode ajudá-lo a se lembrar que seu ego está errado. Você não quer viver em um reino *deva* porque tudo o que gosta em si mesmo vem do sofrimento. Você pode estar pensando: "Claro, mas não precisamos de tanto sofrimento assim." Esse é um pensamento perfeitamente racional. Vou explicar um pouco mais, e espero que faça mais sentido.

Há um ditado que diz que toda compaixão vem do sofrimento e que uma grande compaixão vem de um grande sofrimento. Isso não significa que todo sofrimento se transforma em compaixão. Gostaríamos que fosse assim, mas não é. Significa que toda compaixão vem do sofrimento. Se pensarmos nas pessoas em nosso mundo que associamos a uma grande compaixão — pessoas como Nelson Mandela, o Dalai Lama e Thich Nhat Hanh —, todas sofreram profundamente. E conseguiram usar essa dor para desenvolver uma profunda compaixão.

Thich Nhat Hanh diz que podemos entender o processo de transformação do sofrimento em compaixão se pensarmos em como transformamos lixo em adubo e, então, em flores. A vida lhe dá lixo, mas você aprende a transformá-lo em algo valioso. Não é que você tente se livrar do lixo ou não pensar nele. É que você reconhece seu valor e o transforma em algo belo. Mais especificamente, aprendemos a reconhecer nosso sofrimento como uma sensação no corpo, abandonamos nossas narrativas e o abraçamos com compaixão.

Então, quando algo ruim acontece — seja a perda de um emprego ou um ato de violência policial —, há um conto folclórico que me ajuda a abandonar minhas narrativas e a ser pleno o suficiente para ser útil. É sobre um fazendeiro cujo cavalo fugiu. Começa assim:

Um dia, o cavalo de um fazendeiro fugiu. Todos os seus vizinhos foram até ele e disseram: "Que azar!" O fazendeiro deu de ombros e falou: "Talvez." Alguns dias depois, o cavalo voltou trazendo dois cavalos selvagens. Todos os vizinhos voltaram ao fazendeiro e disseram: "Que sorte!" O fazendeiro disse: "Talvez." O filho do fazendeiro estava tentando selar um dos cavalos selvagens, caiu e quebrou a perna. Os vizinhos voltaram, dizendo: "Que azar!" O fazendeiro disse: "Talvez." Então o exército passou pela cidade recrutando todos os jovens fisicamente aptos, e deixaram seu filho em casa. Os vizinhos vieram, dizendo: "Que sorte!" O fazendeiro disse: "Talvez."

Mesmo quando algo já aconteceu, não temos como saber quais serão as consequências. Algo que parece terrível hoje pode fazer com que algo incrível aconteça amanhã. Quando não consigo imaginar qualquer efeito positivo para uma experiência ruim, tento me lembrar de que o sofrimento em si pode ser valioso. É o adubo a partir do qual podemos cultivar as flores da compaixão.

Quando tenho o controle de uma situação, faz sentido garantir o resultado que achar melhor. Tomara que eu esteja certo. Mas muito do nosso sofrimento vem da angústia em relação ao que não podemos controlar. Minha mente rotulará algo como *a pior coisa que poderia acontecer* e ficarei apavorado com isso. São esses os momentos em que devo me lembrar que não há como prever o futuro e talvez justamente aquilo que temo seja o melhor resultado possível.

Há um verso no Tao Te Ching que me ajuda muito em minhas tentativas de confiar naquilo que não sou capaz de controlar. É o início do capítulo 29.

Você acha que pode possuir o universo e melhorá-lo?
Não é possível. O universo é sagrado. Não pode ser
melhorado. Se tentar mudá-lo, estragará tudo.
Se tentar retê-lo, o perderá.

CAPÍTULO 7

A ARTE DE NÃO SER

Todas as pessoas, vivas e mortas, são mera coincidência.

KURT VONNEGUT

Meu primeiro retiro de meditação com Thich Nhat Hanh aconteceu em um monastério budista nas montanhas perto de San Diego. Vivi e aprendi durante três meses com centenas de monges, freiras e leigos. Perto do fim do retiro, durante a sessão da manhã, quando o sol se ergueu sobre o desfiladeiro, Thich Nhat Hanh nos guiou em uma prática chamada *Tocando a Terra*. Durante parte dela, fiquei deitado no chão enquanto ele pedia que eu visualizasse como minha mãe e meu pai estão presentes em mim — no que me pareço com eles.

Eu via muito da minha mãe em mim. Podia ver suas características positivas, como sua assertividade e preocupação com a justiça. Via também as negativas, como ela se isola das pessoas para não se sentir muito vulnerável. No entanto, não consegui ver nada de meu pai em mim — ou melhor dizendo, recusei-me a fazer isso. Em minha mente, me imaginei como uma árvore com raízes profundas no meu lado esquerdo, mas nada à minha direita.

Eu também sabia que estava errado. No mínimo, os genes do meu pai estavam em mim. Sou mais alto e tenho um físico mais atlético do que qualquer pessoa da família da minha mãe, e sei que ele era alto e atlético. No entanto, quando estava lá, deitado, senti essa dissonância profunda. Uma voz em mim dizia: "Muitas de suas qualidades físicas devem ter vindo de seu pai. Além disso, ele também moldou sua personalidade, mesmo que apenas pela ausência." A outra voz estava gritando: "Eu não tenho nada a ver com ele!"

Depois de *Tocando a Terra*, caminhei até uma ravina e passei o restante do dia em meditação. Sentei-me sob uma árvore e prestei atenção à tensão e agitação que surgiam em meu corpo. Com cada respiração, eu acolhia esses sentimentos até encontrar quietude e clareza o suficiente para ouvir as vozes distintas em minha mente. Por fim, entrei em contato com algo sombrio — um ódio profundo e fervente que eu sentia por meu pai.

Se você tivesse me perguntado como eu me sentia em relação ao meu pai um dia antes, eu teria respondido algo como: "Não me incomoda muito. Ele nunca esteve em minha vida, então é normal para mim." Eu também achava que não odiava ninguém. Eu estava tão profundamente envolvido com meditação e movimentos sociais não violentos que minha identidade inteira girava em torno do perdão e da compaixão. Então, quando percebi quanto ódio existia dentro de mim, me senti uma grande fraude. Algo como: "Você acredita nessas merdas e age como se tudo fosse verdade, mas lá no fundo você ainda é aquele garoto problemático de Boston." Eu sentia que a identidade que havia construído com todo o cuidado estava desmoronando. Não havia como eu ser a pessoa que queria e carregar tanto ódio.

Continuei sentado sob aquela árvore com a mente em turbilhão. O ódio parecia um veneno fervilhando dentro de mim. Naquela época, eu acreditava que o ódio em si era o que estava destruindo nosso mundo. O ódio era o vilão.

Mesmo Thich Nhat Hanh o chamara de "o inimigo do homem" em sua famosa carta a Martin Luther King Jr. Eu me esforçava tanto para ser um dos mocinhos, mas me vi temendo que isso não fosse possível. Pensei que talvez as pessoas realmente não mudassem.

Então minha mente retornou à prática *Tocando a Terra*. Nela, somos guiados para ver todas as partes de nós mesmos — todas as qualidades físicas e psicológicas —, como *não sou eu* e *isso não é meu*. Em vez disso, são chamados de elementos do *não eu* que foram transmitidos para nós de diversas maneiras. Em resumo, tudo que amo ou odeio em mim não veio do nada. Não fui eu que me fiz ser alto ou amar livros. Não causei esse ódio, ele não se originou em mim. Tudo vem de algum outro lugar. Talvez, se eu pudesse ver o ódio como uma transmissão em vez de me identificar com ele, eu não me sentiria tão envergonhado.

Concentrei minha atenção no ódio que havia em mim. Apesar de cada fibra do meu ser querer fugir e evitar esse sentimento, fiquei com ele. Permiti que todos os meus alarmes internos soassem. Minha mandíbula ficou tensa, me arrepiei e senti um calor intenso no peito, mas não resisti a nenhum desses sentimentos. Apenas continuei sussurrando para mim mesmo: "O que quer que você sinta, tudo bem. Estou aqui do seu lado." Depois de um tempo, meu corpo se acalmou e tive bastante presença de espírito para explorar o ódio em si.

Segui a lição aprendida na prática *Tocando a Terra*, tentando identificar que condições causaram esse sentimento em mim. O ódio vinha em resposta ao meu pai, então tentei examinar de que maneira ele estaria presente ali. Reconheci que sua ausência em minha vida, suas esquivas diante de minhas tentativas de entrar em contato, e todas as coisas ruins que ouvi a seu respeito eram manifestações de seu sofrimento. Ou seja, as aflições que tinha o fizeram magoar outras pessoas. Quando isso aconteceu, foi como se ele transmitisse a dor diretamente a elas — e a mim. Vi o ódio no meu interior como parte do sofrimento do meu pai, transmitido por ele. Herdei sua estatura, seu porte físico e sua dor.

Então, pude perceber que o ódio não era *eu* e nem mesmo era *meu*. Era formado por um sofrimento anterior ao meu nascimento, e quando fui além em minha análise, ficou claro que também não tinha se originado em meu pai. Sei muito pouco sobre sua vida, mas não é difícil adivinhar que ele não foi criado com apoio emocional e apego. Quando entendi isso, o ódio em mim deixou de parecer uma sentença condenatória de *quem eu sou lá no fundo*, mas percebi que ele era produto de uma dor que havia sido transmitida de uma geração à outra. Ainda estava presente em mim, mas comecei a me sentir seu administrador ou cuidador em vez de ser definido por ela.

Enquanto continuava sentado ali perto do desfiladeiro, minha percepção amadurecia aos poucos. "O ódio em mim é a continuação do sofrimento de meu pai. Se eu não fizer nada, transmitirei esse sofrimento para todos na minha vida e para as gerações futuras. No entanto, se encontrar uma maneira de curá-lo e transformá-lo, posso partir do mundo deixando-o um pouco melhor do que era quando cheguei." Na época, minha prática não era forte o suficiente para que eu suportasse toda aquela dor com compaixão, mas decidi que era isso que eu queria fazer com a minha vida. Queria aprender a abraçar e transformar até o sofrimento mais intenso, e ajudar outros a desenvolverem essa habilidade também.

A NUVEM NO CHÁ

No budismo, aprendemos o ensinamento do não eu. É complicado, sutil e muito fácil de ser mal interpretado. No entanto, quando você o aplica corretamente, sente-se mais livre, conectado e vivo. Talvez o mais importante de tudo, pelo menos para ser pleno em um mundo caótico, é que este é um ensinamento que pode ajudá-lo a não se envergonhar de seu sofrimento ou inabilidade, e isso pode ajudá-lo a abandonar seu apego (ou aversão?) a elogios.

Tudo o que odeia em si mesmo *não é você*, então não se preocupe com isso. Tudo o que ama em si mesmo *não é você*, então não seja orgulhoso demais. Não passam de elementos do não eu. Foram transmitidos pelas gerações passadas. São compostos de coisas que não são você. Aliás, você nem existe — pelo menos, não como pensa.

Vou explicar como a prática do não eu funciona: escolheremos algo e seguiremos com uma análise. Vamos começar com o chá e depois passaremos aos seres humanos.

Sirva-se de uma xícara de chá e segure-a. Tire um momento para observá-la. Deixe seu corpo e mente relaxarem. Você consegue ver uma nuvem flutuando sobre sua xícara? Olhe bem.

De onde veio essa água? Da sua torneira. Antes disso, de um reservatório. E antes disso, da chuva. Antes ainda, de uma nuvem no céu. Cada molécula de H_2O em sua xícara já é H_2O há milhões de anos. Fez parte de todos os oceanos e flutuou como vapor acima de todos os continentes. Foi o sangue de inúmeros animais. No momento, forma o seu chá. Logo será o *seu* sangue. Em pouco tempo, continuará sua jornada e conhecerá todos os oceanos de novo. Você consegue visualizar isso?

Você pode acreditar que esse chá já foi uma nuvem, mas não é mais. Essa é a ideia que quero desconstruir agora. Gostaria de ajudá-lo a perceber que a nuvem não foi embora. Em nosso modo normal de pensamento, que os budistas chamam de *sakkaya ditthi* (visão do eu, em oposição à visão do não eu), todo objeto tem um eu separado. Por exemplo, eu sou separado de você e a mesa é separada do chão. Nessa visão, cada objeto existe independente de todo o resto. Tem o seu próprio eu distinto. No entanto, quero que você observe o chá de forma diferente.

A existência do chá em sua xícara não é independente. Na verdade, ela depende de muitos fatores. Se a nuvem não tivesse existido, o líquido também não poderia existir. Como a existência do chá depende da nuvem, ambos não podem ser de fato separados, e ela ainda está lá. A bebida é a continuação da nuvem, que é chamada de um elemento não eu e o outro é composto por muitos deles. Sem os fazendeiros e caminhoneiros que cultivaram e transportaram as folhas de chá (e todos os seus ancestrais), ele não estaria aqui hoje. Seu calor veio do gás natural em seu fogão, que veio do plâncton pré-histórico que absorvia calor e luz do sol. Ao olhar para o líquido, você enxerga todos os elementos de não eu presentes nele? São infinitos. Tente perceber a existência da sua bebida como a continuação desses elementos.

Por fim, esse ensinamento afirma que se você suprimir todos os elementos de não eu que constituem o seu chá — a nuvem, o agricultor, o plâncton e assim por diante —, não resta absolutamente nada. A bebida não tem um "eu" essencial que permanece quando seus elementos de não eu são apagados. Na verdade, ele pode ser entendido como a intersecção única de todos esses fatores. Estou tentando descrever uma maneira de enxergá-lo que tornará sua experiência mais bonita e misteriosa. Se não for assim para você — se essas palavras não transmitirem esse sentido —, não faz mal. Talvez façam sentido em outro momento.

No entanto, se conseguir perceber que seu chá é composto inteiramente de elementos de não eu, estará pronto para se perceber da mesma maneira. Uma prática tradicional desse ensinamento é pensar em cinco fatores que constituem um ser humano: (1) corpo físico, (2) sentimentos, (3) percepções, (4) pensamentos e (5) consciência.* Analisamos cada um deles para observar que são inteiramente compostos de elementos de não eu, e então prestamos atenção se essa perspectiva muda a maneira como nos sentimos sobre nós mesmos.

Comece com seu corpo e observe como ele é inteiramente composto por elementos que não fazem parte dele. Cada partícula tem uma história que começa muito antes de seu nascimento, chegando até você como alimento, bebida ou ar. Esses átomos são moldados pelos genes recebidos de seus ancestrais e pelo condicionamento da sociedade e assim por diante, por sentimentos, percepções, pensamentos e por sua consciência. Se tentar retirar todas as substâncias de não corpo, não resta mais nada. Seu corpo não é *você*, nem mesmo é de fato *seu*. É a união desses incontáveis elementos.

Quando percebemos nosso corpo a partir desse ponto de vista, não nos sentimos mais tão orgulhosos das partes de que gostamos, nem tão envergonhados das que não gostamos. Em vez disso, seu corpo se torna um presente único, precioso e efêmero. Experimente.

---

* Um esclarecimento sobre os três últimos: *percepções* significam a experiência de seus cinco sentidos; *pensamentos* são as narrativas que sua mente cria a partir dessas percepções; *consciência* é a subjetividade que é consciente de suas percepções e pensamentos [N.A.].

Você pode aplicar essa mesma análise aos sentimentos, percepções, pensamentos e consciência. Por exemplo, o que restaria de seus pensamentos se retirássemos deles os que são vinculados a todas as pessoas que você conheceu, então retirássemos seu corpo, seus sentimentos, suas percepções e assim por diante?

Ao reconhecer que esses cinco fatores são compostos por elementos de não eu, eles não mais definem quem você é, deixando-o livre para apreciar sua beleza. *Esta é a arte de não existir*. Não é um niilismo ou uma negação do nosso senso comum. É uma perspectiva que nos permite ter um relacionamento com nossos corpos, sentimentos, pensamentos e assim por diante como elementos que nos foram passados e que administramos por um tempo, e, um dia, liberaremos. Nós nos consideramos parte de uma corrente de vida que existiu e existirá por muito tempo.

Penso que essa é a única verdade? Não. Acredito que o ensinamento do não eu tem um forte apelo intelectual, mas muitas outras visões de mundo também têm. Para mim, seu valor está na liberdade e no bem-estar que ele proporciona quando compreendido corretamente.

A ESTEIRA DE MERDA INTERGERACIONAL

Todos precisamos de um mito para viver. Precisamos de alguma história guia que nos ajude a entender o caos em nossa vida. Adotar um mito é completamente racional e não se opõe a uma visão de mundo científica. Eu amo ciência. Amo tanto que tenho uma tatuagem no ombro com a palavra *ciência* dentro de um coração,[*] e me incomoda muito que tantas

---

[*] Estou falando sério [N.A.].

pessoas acreditem que os mitos são o oposto da ciência — como se fossem mitos *versus* fatos. O propósito de um mito não é ser verdadeiro. A mente humana pensa em narrativas, e ele serve para nos ajudar a orientar nossa vida em função daquilo que julgamos mais importante.

Um dos mitos centrais em minha vida é a ideia de que todo ser humano é um operário em uma fábrica que produz a beleza complexa da vida. Estamos todos de pé ao lado de uma esteira transportadora e recebemos as transmissões das gerações passadas. Nós, os operários, temos duas funções: apreciar tudo de bom que nos foi transmitido e transformar o sofrimento das gerações passadas. Se pudermos alterar mesmo que um pouquinho desse sofrimento ancestral, partiremos deste mundo deixando-o melhor do que o encontramos, o que (para mim) é a maior medida de uma vida humana.

Às vezes, a esteira transportadora nos traz uma flor belíssima. Quando isso acontece, nosso único trabalho é aproveitar. Devemos notar sua beleza e concedê-la nossa atenção. Se fizermos isso, a flor será fortalecida e nós também. No entanto, se ficarmos orgulhosos demais porque a esteira transportadora nos trouxe uma flor e começarmos a olhar em volta para ver se é ela melhor do que aquilo as que outras pessoas estão recebendo, perderemos a oportunidade de apreciá-la. Ele passará direto, sem de fato tornar nossa vida melhor. Sem a nossa atenção, murchará.

Na maior parte do tempo, porém, a esteira transportadora nos traz uma merda gigantesca. É o sofrimento das gerações passadas chegando em nossa vida sem ser convidado. Quando surge, cada um de nós está segurando a varinha mágica da compaixão. Nosso trabalho não é virar a cara, mas tocá-la com nossa varinha para transformá-la.

Não é um trabalho agradável. É preciso chegar perto demais da merda de outras pessoas. No entanto, não há nada mais importante. Recebemos uma merda gigantesca, tocamos com compaixão e deixamos ir. Outra, e fazemos o mesmo. A parte mais incrível é que quando você toca nela com compaixão, ela se torna adubo. Nas gerações futuras, esse composto poderá cultivar uma flor — e se tornar uma fonte de alegria. O sofrimento, quando recebido com compaixão, pode se tornar sabedoria, levando à felicidade.

No entanto, às vezes é demais. É uma merda atrás da outra, e nem são merdas com uma aparência normal. Parece uma diarreia, ou sei lá o quê, então a gente pensa: "Que porra é essa? Essas merdas só acontecem comigo? Por que isso está acontecendo? Tem alguma coisa errada?" E, enquanto estamos ocupados surtando com a nossa situação, essa merda vai passando direto na esteira e sendo transportada até as gerações futuras.

O objetivo desse mito é ilustrar uma sutileza. Não precisamos sentir vergonha por magoarmos a nós mesmos e aos outros. Todo ser humano recebe um pouco desse sofrimento ancestral, e todos passam parte dele adiante. Você não criou o sofrimento do nada. Quando nos damos conta de que a dor é composta por elementos de não eu, ela não pode definir quem somos. No entanto, todos nós podemos fazer algo para transformar pelo menos um pouco do sofrimento que nos foi passado. Podemos aprender a abraçá-lo com compaixão e aceitação.

CAPÍTULO 8

A CURA DAS DORES PASSADAS

> Se quiser voar,
> precisa largar o que
> que te puxa pra baixo.
> TONI MORRISON

John Dunne está entre meus dez filósofos vivos favoritos. Talvez até entre os cinco. Ele participava de um debate e lhe perguntaram qual era a visão de justiça no budismo, ao que respondeu largando a caneta no chão e perguntando se ela "merecia cair". Quando alguém faz algo ruim, pensamos em que punição a pessoa *merece*. Você merece amor ou sofrimento em sua vida?

Dunne explicou que a filosofia budista não está muito preocupada se alguém merece ou não algo, mas sim com o que acontece, por que acontece e como podemos agir para criar menos sofrimento no mundo.

E se parássemos de nos importar com o que as pessoas merecem? De pensar no que *deveria* acontecer e pensássemos no que *já aconteceu*? E se substituíssemos por completo nosso conceito de justiça pela noção de como criar menos sofrimento no mundo? Veja o diagrama a seguir como exemplo:

Acredito que tudo de valor no conceito de justiça, o que *merecemos* e o que *deveria* acontecer, está contido na questão de o que criará menos sofrimento (por exemplo, como compartilhar recursos, como manter as pessoas em segurança e assim por diante). Por outro lado, quase tudo que é considerado "justiça", mas não envolve minimizar a dor, tem mais a ver com vingança, castigo e outras idiotices que não ajudam ninguém. Essa mudança de ponto de vista é ainda mais importante quando falamos sobre como lidar com quem cometeu atos de violência, como a pessoa da minha próxima história.

Jared cresceu em Indiana* e fazia parte de uma igreja especialmente implacável. Quando veio até mim, falou sobre sua vergonha e seu profundo ódio por si mesmo. Estava isolado socialmente e muitas vezes considerava se ferir. Quando Jared tinha 7 anos, abusou sexualmente de sua irmã de cinco.

O que vem a seguir é uma história sobre cura. Uma história sobre transformar a vergonha em arrependimento, e, então, em um compromisso para proteger as crianças.

---

* Todos os detalhes pessoais que permitissem uma identificação foram alterados [N.A.].

Mas antes de continuar a contar a história de Jared, precisamos falar sobre como muitos não querem ouvir sua história. Algumas pessoas acreditam que ele *merece* odiar a si mesmo e sofrer o máximo possível. Acreditam que a cura significaria que ele ficaria impune de seus crimes. Outras podem até aceitar esse processo de cura, mas não querem ouvir sobre. Perguntam: "Por que você não conta a história da irmã dele?" De fato, trabalhei muito mais com pessoas que seriam consideradas as vítimas inocentes de um trauma do que com os perpetradores.

Quero contar a história de Jared justamente por ser difícil de ouvir. Quando reconhecemos que o sofrimento é coletivo, torna-se óbvio que torturar criminosos em uma prisão só os tornará mais propensos a ferir outras pessoas outra vez. Eles transmitirão seu sofrimento a todos que tiverem o azar de cruzar seu caminho.

Nossa dor é coletiva e nossa cura também. Talvez as pessoas tenham medo dessa ideia porque acreditam que ela é algum tipo de soporífero que faz com que você não sinta nada. No entanto, a cura real não apaga o arrependimento. Apenas transforma o sofrimento em compaixão e nos torna mais sensíveis ao impacto que temos sobre outras pessoas. A verdadeira cura nos motiva a sermos úteis. É mais ou menos assim:

Quando Jared me procurou para uma consulta particular durante um retiro de meditação em Chicago, ele estava à beira das lágrimas. Disse: "Eu fiz algo realmente horrível e me odeio desde então. É possível que quem fez algo assim encontre alguma paz?" Respondi que é sempre possível transformar o sofrimento, mas é preciso dedicação. Então perguntei se ele estava disposto a me contar o que havia feito. Ele estava, e narrou sua história. Então eu disse que poderia ajudá-lo, mas que não seria fácil. Jared respondeu: "Faço qualquer coisa."

Ficamos em silêncio por um minuto ou mais. Então pedi que fechasse os olhos e focasse sua atenção nas sensações em seu corpo. Perguntei o que Jared sentia, e ele me respondeu: "Eu só quero morrer."

Eu respondi: "Entendo. Há uma voz em você dizendo que você quer morrer, e tudo bem. Não precisamos fazê-la ir embora agora." Respirei fundo e continuei: "Enquanto escuta essa voz, o que mais você sente em seu *corpo*? Há alguma tensão, agitação ou algo assim?"

Com os olhos ainda fechados, ele disse: "É uma merda. É como se eu estivesse enjoado, e meu rosto está tenso. Só queria sumir."

"Perfeito", respondi. "Agora veja se consegue se permitir sentir tudo isso sem tentar mandar embora essa sensação. Pode parecer terrível, mas veja se consegue ficar com ela só por alguns instantes. Os sentimentos podem ficar mais fortes, continuar iguais ou mudar. O que você percebe agora?"

"Está tudo igual. Não estão mudando, e eu não quero mais sentir isso."

"Perfeito. Há uma voz em você que não quer mais sentir isso. As sensações continuam aí — o enjoo, a tensão — e também essa voz que odeia essas sensações. Veja se consegue permitir ambos. Já estão aí de qualquer jeito, então você só tem que aceitar essa presença. O que sente agora?"

Jared disse: "Ah, agora estou um pouco mais calmo." Seus olhos permaneceram fechados enquanto a expressão em seu rosto se suavizava e a respiração desacelerava.

Eu o guiei nessa prática por mais alguns minutos, trazendo aceitação radical ao seu corpo e à sua mente. Quando pareceu mais calmo, o pedi que se imaginasse como um menino de 7 anos, então perguntei se aquele menino parecia feliz ou triste.

"Ele parece nervoso, preocupado. E também muito sozinho."

Eu disse: "Certo. Quando você o vê, o que tem vontade de dizer a ele?"

"Eu odeio o que você fez."

"Muito bem", falei em tom tranquilizador. "Você consegue dizer ao garoto por que odeia o que ele fez?"

"Porque você machucou sua irmã quando deveria protegê--la", ele disse, com raiva na voz.

Parei por um momento e falei: "Sim, diga que você nunca quis que nada de ruim acontecesse à irmã desse garoto. Então pergunte se ele queria machucá-la de propósito."

"Eu não quero que nada aconteça à sua irmã!" Ele quase gritou, então caiu em prantos quando perguntou: "Você a machucou de propósito?"

"O que ele respondeu?", perguntei.

"Ele está chorando e dizendo que não sabia. Que achou que estavam brincando."

"Certo. Quero que você repita o seguinte para ele: 'Você achou que estava brincando, mas machucou muito a sua irmã. Ela vai se sentir mal por isso durante um bom tempo.' Diga isso e me fale qual é a reação dele."

Jared respondeu: "Ele chora e diz que sente muito. Mas qual é o sentido disso? Não resolve nada. O estrago já está feito."

"É verdade." Faço uma pausa e continuo: "Agora olhe para esse menino de 7 anos. Ele está chorando e se sentindo péssimo pelo mal que causou. Não era sua intenção machucar ninguém, mas foi o que aconteceu. Ele está começando a perceber todo o sofrimento que causou. Quero que você note isso, note sua dor e seu arrependimento. Leve o tempo que precisar, mas, se quiser dizer algo a ele, diga."

Jared ficou quieto por um longo tempo. Finalmente, disse: "Porra! Eu só queria que isso não tivesse acontecido."

Eu sugeri: "Tente dizer ao garoto que *vocês dois* queriam que isso não tivesse acontecido." Ele o fez e assentiu, indicando que aquilo havia soado verdadeiro para ele. Então continuei: "Agora, tente dizer ao garoto que você sabe que ele não teria feito isso se soubesse o quanto machucaria a irmã. Depois me diga se lhe parece verdadeiro."

Jared não respondeu, só começou a soluçar incontrolavelmente. Depois de um tempo, falou: "Eu queria odiá-lo, mas ele é só uma criança." Jared continuou chorando e, por fim, olhou para mim e disse: "Não está funcionando. Eu me sinto ainda pior. É como se o ódio tivesse sumido, mas agora me sinto tão triste."

"Isso é seu luto", expliquei. "Você está começando seu processo de luto. Volte para o seu corpo por um momento e me diga o que sente. Seu corpo está tenso, pesado ou algo assim?"

"É como se tivesse um peso enorme em meu peito."

"Certo. Veja se consegue deixar o peso aí. Diga: 'Você pode ser tão pesado quanto quiser. Eu aguento. Estou aqui do seu lado.' Observe que o peso não está lhe esmagando."

Ele assentiu e ficou quieto bastante tempo. De vez em quando, eu o lembrava de ficar com o peso no peito — senti-lo. Por fim, ele abriu os olhos e pareceu exausto. Jared disse: "Não aguento sentir tudo isso e não poder fazer nada para remediar."

Eu mostrei compaixão, mas afirmei que talvez ele não fosse tão impotente quanto se sentia. Depois de mais alguns minutos sentindo sua dor, conversamos sobre o que ele poderia fazer para proteger crianças de abuso sexual. Então nosso tempo acabou, ele me agradeceu e foi embora.

Essa foi a última vez que vi Jared, mas recebo e-mails dele de vez em quando. Ele agora é voluntário e atua educando a respeito de abuso sexual na infância, e até mesmo compartilha sua história com os pais a fim de discutir estratégias para manter as crianças em segurança. Ele disse que toda vez que conta sua história para um grupo de pais, imagina que acabou de salvar uma criança. Também mantém a prática de sentir seu sofrimento. Diz que se tornou mais tolerável, mas não tem certeza de que um dia vai desaparecer.

Certo, agora vamos respirar. Essa foi uma história intensa.

Nem todo criminoso que cometeu violência sexual é capaz desse tipo de transformação, e com certeza não de maneira tão rápida ou direta. Há também algumas evidências de que existem verdadeiros sociopatas — pessoas que podem ser neurologicamente incapazes de sentir empatia.* No entanto, o número de indivíduos que são capazes de se curar é muito maior do que as que de fato tem essa chance. Os americanos, em particular, são excelentes em descartar as pessoas, e espero que essa história exerça uma influência moderadora contra tal tendência.

Quando compartilho a história de Jared, algumas pessoas se sentem afetadas negativamente. Outras, caso tenham machucado alguém no passado e se odeiem por isso, tendem a se sentir aliviadas. O que quer que sinta agora, você pode aprender com isso. Pode aplicar essa história em prol de um propósito maior. Queremos preservar a plenitude em um mundo caótico. No entanto, a dor e os traumas que carregamos do passado podem fazer com que isso pareça impossível. O sofrimento antigo nos faz perceber ameaças

---

* Pesquisas sugerem que há um número desproporcional na prisão ou em posições de poder na área financeira e no governo [N.A.].

onde não há nenhuma, ativando o sistema de defesa em nosso cérebro e corpo. Ele nos tira do presente, fechando nosso coração e nossa mente.

A história de Jared é um exemplo do que quero dizer quando falo da cura de dores passadas. Seguir em frente não nos faz felizes por termos machucado as pessoas nem por termos sido machucados. Não faz de nós idiotas nem nos permite esquecer. Em vez disso, a cura nos traz ao presente. Nós paramos de viver em um mundo definido pelo trauma e entramos em um onde a dor é apenas parte de nossa história de vida. A cura nos ajuda a evitar aflições futuras, porque desenvolvemos a capacidade de perceber a diferença entre segurança e perigo em vez de enxergar ameaças em todos os lugares. Mais importante, ela nos permite vivenciar a segurança, a alegria e o amor quando eles chegam.

A ÁRVORE DE CEM ANOS

Se você imaginar uma árvore de cem anos, fica bem claro que a árvore de cinquenta anos está concretamente presente dentro dela. Você pode contar os anéis de crescimento e apontar para onde esteve a árvore de cinquenta ou vinte anos. O passado nunca desaparece.

Os seres humanos são semelhantes no sentido de que nossas experiências passadas são armazenadas nas conexões das redes neurais em nossos cérebros. Por exemplo, se um cachorro mordeu você aos 8 anos, novas conexões foram feitas em seu cérebro naquele momento, porque é assim que armazenamos informações. Se você ainda sente os efeitos dessa experiência de alguma forma, essas conexões ainda devem estar presentes, como os anéis de crescimento de uma árvore.

Não podemos mudar o passado, mas podemos mudar como essas lembranças são armazenadas em nosso cérebro. O termo que neurocientistas usam para descrever esse processo é a *reconsolidação da memória*. Nossas memórias não param de ser sobrescritas e alteradas com base em novas experiências. Esse é um fenômeno bastante estudado.* É por esse motivo que, quando você é testemunha de um crime, é preferível que não conte o que aconteceu até o momento de seu depoimento, que deve ser feito o mais rápido possível. Sabemos que toda vez que uma pessoa conta o que viu (e, na verdade, toda vez que pensa no ocorrido), a própria memória vai mudando.

Grosso modo, sempre que uma memória é ativada, ela entra em uma condição que os neurocientistas chamam de estado lábil (ou mutável). Quando nele, novas conexões com o que está acontecendo no presente podem ser estabelecidas. Ao discorrer sobre reconsolidação de memória, Jaak Panksepp enfatizou como o processo afeta as memórias emocionais. Ele demonstrou com experimentos que sempre que um mamífero — um rato, um macaco ou um humano — se lembra de uma memória angustiante, caso consiga ativar o Circuito de Cuidados** em seu cérebro, uma nova associação

---

* Há pouquíssima vantagem evolucionária em manter memórias perfeitamente exatas do passado. Seu cérebro prioriza melhorar suas previsões sobre o futuro. Todas as nossas memórias são usadas para criar modelos de funcionamento do mundo para que possamos prever a melhor forma de nos mantermos seguros e atendermos às nossas necessidades [N.A.].
** Ou Care Circuit. Leia sobre o trabalho de Panksepp em *The Archaeology of Mind* [N.A.].

se desenvolve. Quando essa lembrança é guardada de volta na memória de longo prazo (ou seja, reconsolidada), ela ficará menos angustiante. Memória Aflitiva + Circuito de Cuidados = Memória Menos Aflitiva.

Essa é a receita neurológica para a cura emocional. Em outras palavras, você entra em contato com seus sofrimentos passados e conecta-se com compaixão ao mesmo tempo. Você abraça sua dor com uma presença amorosa. Se tentarmos processar a aflição passada sem compaixão, acabamos ruminando e reforçando velhas histórias. No entanto, quando aprendemos a cuidar do nosso sofrimento como fazemos com um bebê, a verdadeira transformação se torna possível.

PRÁTICA

Nota: Dois tipos de obstáculos podem surgir durante esta prática.
1. Você pode se sentir sobrecarregado, o que significa que o sentimento é intenso demais para ser embalado com compaixão.
2. Você pode ser incapaz de sentir autocompaixão.

Se notar qualquer um desses obstáculos, suspenda a prática e vá para a página 124. Você pode tentar de novo em outro momento. Se sofreu um grande trauma ou tem tendência a se sentir sobrecarregado por emoções fortes, realize esta prática acompanhado de um profissional de saúde mental.

Prática:

- Escolha uma experiência dolorosa do seu passado. É melhor começar com algo pequeno, não a pior coisa que já lhe aconteceu. Pode ser de quando você era criança ou algo mais recente.
- Pense na experiência. Imagine-se de volta a mais ou menos quando ela aconteceu. Você pode imaginar a experiência dolorosa em si ou apenas visualizar uma imagem de si mesmo naquele momento.
- Quando a imagem estiver nítida, observe as sensações em seu corpo. Você pode perceber tensão, agitação ou qualquer coisa do tipo. Se o nível de intensidade for de 4 a 7 em uma escala de 1 a 10, você escolheu uma boa memória para a prática. Se for menor do que 4, pense em algo um pouco mais difícil. Se for 8 ou mais, escolha uma memória menos dolorosa.
- Quando encontrar uma memória que traga desconforto mas não seja intensa demais, concentre-se nas sensações em seu corpo. Dê a si mesmo permissão para senti-las sem tentar mudá-las. Deixe-as ficar ou ir embora, como quiserem. Pratique durante pelo menos cinco minutos.
- Agora, é hora de entrar em contato com uma fonte de compaixão — uma pessoa ou outro ser vivo que o ame e o aceite naquele momento de sofrimento. Pode ser o seu eu adulto, alguém que você conheça, uma figura religiosa, um animal ou qualquer coisa. Concentre-se nessa fonte de compaixão até sentir uma espécie de calor, abertura ou resposta fisiológica semelhante em seu corpo. Isso nos avisa que o Circuito de Cuidados está ativo.

- Agora imagine sua fonte de compaixão enviando amor e aceitação à parte de você que sofre. Essa expressão de compaixão pode incluir palavras amorosas, algum tipo de energia, ou apenas uma expressão positiva no rosto. O importante é você sentir esse amor.
- Continue pelo tempo que desejar.

Essa prática é uma maneira de usar intencionalmente a reconsolidação de memória para curar dores passadas. Você ativa uma memória angustiante e, em seguida, o Circuito de Cuidados em seu cérebro. Se você for capaz de completá-la de maneira que lhe pareça agradável, pode repeti-la todos os dias.

SE VOCÊ SE SENTIU SOBRECARREGADO — PRÁTICA

Às vezes, revisitar uma lembrança dolorosa é insuportável. Nesse caso, existem práticas construtivas que podem nos ajudar a voltar ao momento presente e buscar um estado emocional positivo. Se tiver sofrido um trauma muito intenso, dissociação, vício, ou se simplesmente tem tendência a se sentir sobrecarregado por seus sentimentos, seria preferível treiná-la primeiro. Depois de desenvolver a capacidade de usá-las para regular suas emoções, é mais seguro revisitar a dor do passado. Experimente as duas práticas a seguir para ver qual lhe parece mais poderosa. Se nenhuma das duas lhe parecer boa, siga para o próximo capítulo.

Enviando Compaixão

- Feche os olhos e tente imaginar algo ou alguém que desperte carinho e um amor natural e descomplicado. Pode ser um bebê, um animal, um filhote ou qualquer outra coisa.
- Depois de visualizar essa imagem, deixe-a tão nítida quanto possível. Observe as sensações em seu corpo. Você sente calor, abertura ou algo assim? Permita que os sentimentos em seu corpo sejam tão intensos quanto quiserem.
- Com a imagem ainda clara em sua mente, tente dizer as frases a seguir, mas sinta-se à vontade para alterá-las ou não usá-las se não ajudarem. Diga: "Que você seja feliz. Que seja saudável. Que fique em segurança. Que tenha amor." Se as sensações positivas em seu corpo se intensificarem, continue repetindo-as.
- Pratique pelo tempo que desejar.

Recebendo Compaixão

- Feche os olhos e imagine uma pessoa ou outro ser vivo capaz de amar e aceitá-lo exatamente como você é. Pode ser alguém que conhece, uma figura religiosa, uma luz branca ou qualquer outra coisa.
- Depois de visualizar essa imagem, deixe-a tão nítida quanto possível. Observe as sensações em seu corpo. Você sente calor, abertura ou algo assim? Permita que os sentimentos em seu corpo sejam tão intensos quanto quiserem.
- Veja se consegue sentir amor e aceitação vindo deles. Deixe esses sentimentos entrarem em seu corpo.

- Agora imagine que essa pessoa ou coisa diga: "Que você seja feliz. Que seja saudável. Que fique em segurança. Que tenha amor." Sinta-se à vontade para modificar essas frases ou não usá-las se não ajudarem. Se as sensações positivas em seu corpo se intensificarem, continue repetindo-as.
- Pratique pelo tempo que desejar.

CAPÍTULO 9

VOCÊ NÃO ESTÁ LOUCO

> A maneira mais comum que as pessoas
> têm de desistir de seu poder é achar que não o têm.
>
> ALICE WALKER

Passei a maior parte dos meus vinte e poucos anos em um relacionamento à distância com uma mulher com quem eu formava um péssimo casal. Ela estava cursando medicina em Denver enquanto eu morava em Oakland. Na época, eu não era só um idiota apaixonado — era burro a ponto de ser autodestrutivo. Apesar de meus amigos me dizerem — sem meias palavras — que eu estava cometendo um grande erro, eu insistia em dar murro em ponta de faca.

Por um lado, ela era linda, brilhante, espirituosa e incrivelmente charmosa. Nossas conversas telefônicas eram dignas de podcasts — passávamos por vários assuntos acadêmicos, discutíamos arte clássica e de vanguarda, e eram sempre engraçadíssimas. Por outro lado, ela só demonstrava afeto quando eu fazia algo extraordinário. Era capaz de expressar um furacão de amor, mas reservava isso para momentos em que eu dizia algo perspicaz, engraçado ou quando fazia algo criativo ou especial por ela.

Se minhas piadas não a fizessem rir ou, pior ainda, se eu estivesse passando por alguma dificuldade, ela negava qualquer afeto. Isso me fazia viver escrevendo músicas para ela e fazendo visitas-surpresa (apesar de na época eu trabalhar meio período em uma equipe de construção e quase não ter dinheiro). Também me fazia infeliz.

O vórtice infernal do nosso relacionamento começava porque eu estava tendo um dia difícil ou porque tinha me esforçado muito para fazer algo que a deixasse feliz, mas ela estava cansada demais por causa da faculdade para me dar o carinho que eu procurava. De qualquer maneira, eu queria um pouco de amor e não recebia. Eu me sentia rejeitado, e a seus olhos me tornava menos impressionante, o que fazia apenas com que ela se afastasse ainda mais. Eu chegava a literalmente implorar para que ela me dissesse algo legal, ao que ela apenas se recusava.

Se você era meu amigo na época, sinto muito pelo que fiz você passar. Eu era péssimo com esse relacionamento, reclamava sempre das mesmas coisas, mas nunca estava disposto a terminar. Dizia que ela era muito mais inteligente e engraçada do que qualquer outra mulher que já tinha conhecido. Se terminasse, nunca encontraria alguém como ela. Isso, claro, estava errado, como todo mundo sabia, menos eu. Às vezes penso que teria me divertido mais nessa época se tivesse namorado pessoas que moravam na minha cidade. Mas essa é uma história revisionista e, em vez disso, eu estava ocupado demais sendo um idiota.

OU TALVEZ EU NÃO FOSSE UM IDIOTA

Eu reconheço que eu *parecia* um idiota irracional e incompreensível enquanto desperdiçava anos preciosos da minha juventude em um relacionamento infeliz. No entanto, muitas pessoas fazem coisas assim. Nós nos sabotamos, agimos contra nosso bom senso ou deixamos de fazer o que *sabemos* que melhoraria nossa vida. Dizer que somos idiotas não ajuda. Precisamos entender esses comportamentos para que possamos agir diferente — ou, pelo menos, não nos sentirmos tão culpados.

Há um fato básico sobre o cérebro humano que pode tornar esse tipo de comportamento muito mais compreensível. De acordo com os pesquisadores, o cérebro não pensa apenas um pensamento por vez. Na verdade, a qualquer momento, há literalmente milhões (alguns dizem bilhões) de processos mentais relativamente distintos acontecendo em seu cérebro. Neste momento, ele está regulando seu batimento cardíaco, mantendo seu equilíbrio, transformando formas abstratas no papel (ou na tela) em palavras e ideias e as comparando a suas experiências passadas. Tudo isso ao mesmo tempo quase sem demandar esforço.

Quando todos esses processos ocorrem juntos e em relativa harmonia, nós vivemos na agradável ficção de que somos uma pessoa que pensa e sente de determinada forma. É somente quando o conflito aparece que nos tornamos conscientes dessa multiplicidade. Por exemplo, se você tem sentimentos contraditórios sobre começar um novo emprego — empolgação e ansiedade —, pode ser porque duas partes diferentes do seu cérebro percebem a situação de maneiras distintas.

Objetivamente, você está diante de uma situação imprevisível. Imagine que uma rede neural em seu cérebro é feita a partir das memórias de todas as vezes em que a mudança foi positiva em sua vida. Ela diria que sua situação atual se encaixa nessa categoria (poderíamos chamar de *novo começo = a vida fica melhor*). Ela identificaria esse novo começo e ativaria emoções positivas.

Outra rede neural em seu cérebro poderia ser feita das memórias de fracassos passados. Ela olharia essa mesma situação objetiva, mas a perceberia de maneira muito diferente. Essa rede neural está à procura de qualquer sinal de um possível fracasso, e alguns dos elementos do seu novo emprego também podem corresponder às suas categorias (por exemplo, *conhecer pessoas novas = às vezes elas são cruéis* e *tentar algo novo = fracasso*). Essa rede neural ativaria emoções negativas. Essas duas avaliações separadas criam duas reações emocionais em seu cérebro e corpo. Nesse momento, sua experiência é "tenho sentimentos conflitantes".

Sempre que as pessoas agem de maneira irracional ou autodestrutiva, reconhecer esse tipo de multiplicidade pode tornar mais fácil compreendê-las. Não é uma pessoa sendo irracional. Na verdade, são diferentes processos mentais dentro dela chegando a conclusões conflitantes sobre uma única situação. Cada processo chega a uma conclusão racional com base em sua própria perspectiva limitada.

Então, o que estava acontecendo comigo quando eu dizia aos meus amigos que "sei que deveria terminar, mas sinto que ela é especial demais para abrir mão do relacionamento"? Não tenho a menor dúvida de que havia pelo menos uma rede neural em mim feita a partir do meu estudo de psicologia clínica, de meditação e das montanhas de livros de autoajuda. Ela estava avaliando meu relacionamento na época e dizendo: "Isso NÃO é saudável. Você deveria buscar um relacionamento no qual seu parceiro lhe dê apoio quando você sofrer. Isso é bem básico, porra." É por isso que algumas pessoas dizem: "Você sabia que não deveria continuar com ela", mas acho que seria mais correto dizer: "Parte de mim sabia."

Ao mesmo tempo, havia outra rede neural no meu cérebro com uma história muito diferente. Para entender essa parte, você precisa saber um pouco mais sobre minha infância. Já mencionei que fui criado por uma mãe solteira alcoólatra. Ela parou de beber e começou a frequentar reuniões dos AA quando eu tinha 8 anos, mas continuou emocionalmente indisponível durante a maior parte da minha infância. Nós crescemos muito desde então e nos damos bem melhor agora, mas foi uma longa jornada.

Até hoje, minha mãe não se sente muito à vontade com a dor de outras pessoas. Saber que alguém que ela ama não está bem a deixa ainda mais chateada, e toda vez que eu me machucava quando criança ela se abalava muito mais do que eu. Uma vez, fui atropelado por um carro ao andar de bicicleta a alguns quarteirões de casa. Os vizinhos a avisaram e ela correu pela rua para ver se eu estava bem. Enquanto estava deitado no chão à espera da ambulância, lembro-me de tentar consolá-la e acalmá-la.

Minha mãe também é muito orgulhosa e ficava empolgadíssima com meus sucessos. Isso levou a um padrão de intimidade quase idêntico ao da namorada terrível. Quando eu era forte e bem-sucedido, recebia elogios (sua maneira de demonstrar afeição). Quando estava com dificuldades, isso a assustava demais, então eu ficava sem nada.

Agora sei disso tudo, mas claro que não compreendia quando pequeno. Os pequenos neurônios do meu cérebro infantil estavam criando uma história para entender esse padrão de intimidade. Estavam tentando criar um modelo de quem eu era e o que precisava fazer para conseguir o amor necessário. Esses neurônios criaram a seguinte história: "Sua mãe o ama quando você merece, e a única maneira de merecer amor é ser excepcional." Quando conheci aquela namorada, aquela antiga rede neural disse: "É ISSO! Esse é o ajuste perfeito. Ela só demonstra amor quando você merece, então o amor dela é mais autêntico do que o daquelas pessoas estranhas que o amam o tempo todo."

Esse tipo de amor condicional era viciante. Eu precisava me esforçar para ganhá-lo, então era muito satisfatório quando conseguia. Era profundamente familiar e combinava com a história da minha formação, sobre só merecer ser amado quando eu fosse excepcional. Por outro lado, isso vinha com a crença de que na maioria das vezes eu não merecia, o que constitui uma maneira horrível de viver.

UM MOMENTO TRANSFORMADOR

Não foi fácil para mim perceber a relação entre a falta de amor no meu relacionamento e na minha infância. Eu tinha um milhão de racionalizações para explicar por que minha namorada era na verdade perfeita para mim. Foi só quando um amigo meu que meditava e estudava psicologia clínica ficou farto de ouvir meu chororô que vi a realidade.

Ele me pediu para imaginar minha namorada em um momento no qual eu não recebesse carinho dela mesmo precisando. Não foi difícil, porque isso acontecia o tempo todo. Então, me pediu para sentir em meu corpo o que sentia quando implorava pela afeição dela. Meu amigo me manteve visualizando a cena por um bom tempo, em parte para me ajudar a entrar em contato com todos esses sentimentos, e em parte (eu acho) por sadismo.

Depois de passar vários minutos com essas sensações terríveis no corpo, ele me fez a pergunta que já fiz a milhares de outras pessoas. "Você se lembra de quando foi a primeira vez que se sentiu exatamente assim?" Naquele momento, todas as minhas defesas caíram. Eu percebi que o namoro repetia os aspectos mais dolorosos do meu relacionamento com minha mãe e, depois disso, não consegui desperceber. Foi o fim. Nós terminamos naquela mesma noite. Depois de ficar solteiro durante um tempo, descobri que, pela primeira vez na vida, eu me sentia atraído por mulheres que me apoiavam incondicionalmente.

VIDA E MORTE DE UMA REDE NEURAL

O que aconteceu nesse dia? O que nessa experiência provocou uma mudança tão profunda? Eu sei que se meu amigo tivesse acabado de me dizer que a minha namorada era muito parecida com a minha mãe, eu não teria ouvido. Sei disso porque aconteceu mais de uma vez. No entanto, ele não só me disse isso, nem apenas me mostrou, mas encontrou uma forma de se comunicar com a *parte de mim* que estava se recusando a terminar o relacionamento, e a mostrou a verdade.

É útil falar um pouco mais sobre como as milhões de redes neurais em nossos cérebros trabalham juntas (ou deixam de fazê-lo). Quando eu era criança, alguns dos pequenos neurônios do meu cérebro criaram aquela história para explicar por que minha mãe era afetuosa em algumas situações e em outras não. Eles decidiram: "A única maneira de merecer amor é ser excepcional." Essa história foi ótima para prever quando eu receberia ou não o afeto de minha mãe. A cada vez que fazia uma previsão correta, meu cérebro dizia "Essa história deve ser verdadeira", de modo que a rede neural ficou mais forte e acabou se tornando uma crença fundamental.

Isso nos leva a um problema na organização do cérebro. Depois que a história criada por uma rede neural atinge certo ponto de precisão em suas previsões, ela se torna quase imune a evidências contrárias. Não sabemos por quê, mas os neurocientistas computacionais têm algumas hipóteses.

A que faz mais sentido para mim é a seguinte: quando esses neurônios elaboraram a história, estavam em uma espécie de período de experiência. Uma parte de alto nível do meu cérebro a monitorava e prestava atenção no quão boa ela era em prever o comportamento da minha mãe. Essa parte do meu cérebro era como um supervisor de controle de qualidade com acesso a uma enorme quantidade de informações, incluindo tudo que eu percebia conscientemente. Quando a premissa "você só merece amor quando é excepcional" fez previsões corretas sobre minha mãe cinco mil vezes seguidas, esse supervisor de alto nível no meu cérebro decidiu: "Está claro que você está certo, então passou do período de experiência. Vou focar minha atenção em outras coisas." Desse ponto em diante, a crônica segue basicamente sem supervisão.

Então, o que acontece com uma história que não é mais supervisionada? É nesse ponto que ela se torna quase imune a provas contrárias, e a razão está em como nossos cérebros economizam seu poder de processamento. Todas as hipóteses individuais no seu cérebro são programadas para ignorar tudo o que não se relaciona a elas. Só devem acordar quando forem necessárias. Por exemplo, a rede neural em seu cérebro responsável por boas maneiras fica dormente até que as boas maneiras sejam indispensáveis. Ela nota quando você se senta em um restaurante requintado, acorda e faz seu trabalho.

Portanto, a parte de mim que acreditava em "você só merece amor quando é excepcional" ficaria dormente durante qualquer experiência que não correspondesse à sua suposição. Acordaria perto da minha mãe ou de qualquer outra pessoa com padrão similar de afeto. No entanto, quando comecei a conhecer mais pessoas que me apoiavam incondicionalmente na faculdade, essa rede neural não as registrava. Elas não se encaixavam no padrão, então eram irrelevantes. É assim que uma crença fundamental pode ser mantida por anos, apesar das provas contrárias. Ela acorda quando sua vida a reforça e dorme em qualquer situação que a desafie.

Quando essa ideia se consolidou, ela moldou profundamente minha vivência da intimidade. O apoio incondicional era agradável, mas não familiar. Por outro lado, pessoas que só eram gentis quando eu obtinha sucesso ativavam parte do meu cérebro que me dizia: "Isso é *amor de verdade*."

Meu amigo foi capaz de me ajudar a deixar essa intuição de lado porque sabia como acordar essa parte. Ele entendia que todas as provas contrárias do mundo não afetariam uma crença fundamental tão consolidada se a rede neural que a continha continuasse dormindo. Então ele fez com que eu visualizasse minha namorada durante nossa dinâmica mais disfuncional. Esperou até ter certeza de que todas as redes relacionadas àquela dinâmica estavam acordadas e ativadas. Nesse momento, sua prova contrária foi ouvida e mudou minha vida.

COMO SER PLENO
QUANDO VOCÊ SE ODEIA

Todo mundo tem algo em si que não aprecia ou que gostaria de mudar. Alguns são muito críticos consigo mesmos. Há pessoas que não conseguem fazer coisas que sabem que melhorariam suas vidas — ou pelo menos não de maneira consistente. Outros não podem evitar serem autodestrutivos e odiarem a si mesmos.

No capítulo 3, falei sobre embalar nosso sofrimento como um bebê. O problema é que às vezes ele não parece um bebê fofinho, mas um monstro tentando devorar nossa cara. Então como podemos trazer ternura e compaixão para as partes de nós mesmos que odiamos?

Meu professor Thich Nhat Hanh diz que "compreensão é amor". Ele acredita que qualquer parte do mundo, não importa o quão feia, pode ser amada quando entendida com profundidade suficiente. Amar o mundo não nos impede de lutar pela mudança social nem de nos opormos à violência e à opressão. Na verdade, nos permite fazer isso a longo prazo.

Há uma diferença muito importante entre amor e aprovação. Aprender a amar a voz crítica em mim *não* significa concordar com ela. Significa que posso vê-la como uma manifestação do sofrimento tentando, à sua própria maneira cagada, encontrar algum alívio. Vejo como a nossa natureza humana tragicamente bela está presente nela. Essa voz sofre e quer alívio, mas não sabe como encontrá-lo. É como um pássaro preso em um prédio que busca liberdade e segurança batendo no vidro de uma janela fechada com vários trincos. Sei que sua motivação mais profunda é a serviço da vida, o que possibilita a empatia. Essa compreensão clara estimula um tipo especial de ternura — que se identifica com ela e deseja ajudar.

PRÁTICA

Se há algo irracional ou resistente à mudança em você, esta prática o ajudará a desenvolver a compreensão que leva à autocompaixão e à transformação.

- Pense em algo que você gostaria de mudar em si mesmo. Mais especificamente, algo que já tentou mudar, mas não conseguiu. Nomeie essa característica e descreva exatamente como desejaria que ela fosse. Se for uma situação específica, pense em como gostaria de agir ou de se sentir ou pensar de forma diferente na situação. Então ponha no papel.
- Agora imagine-se em uma situação que envolva o que você deseja mudar. Deixe que a imagem fique clara a ponto de sentir as emoções surgindo em seu corpo. O ideal é que a intensidade da emoção esteja entre 4 e 7 em uma escala de 1 a 10.
- Passe algum tempo prestando atenção nas sensações em seu corpo e permitindo que sejam tão intensas quanto quiserem. Você está em contato com essa característica que deseja mudar e está aberto a quaisquer sentimentos que surjam. Concentre-se em seu corpo.
- Ao entrar em contato com esses sentimentos em seu corpo, diga as seguintes frases a si mesmo e veja se alguma delas lhe parece verdadeira:

> "Há uma parte em mim que não quer parar de se sentir assim ou de fazer isso comigo mesmo."
> "Há uma parte em mim que quer se agarrar a isso."
> "Há uma parte em mim que acha que eu mereço isso."

Observe se alguma dessas frases lhe parece verdadeira. Tudo bem se não for o caso.

- Pergunte a si mesmo: "Quando foi a primeira vez que me senti exatamente assim?" Se alguma lembrança lhe vier à mente, imagine-se de volta àquela situação. Se isso não ocorrer, não se preocupe e continue para o próximo passo.
- Continue prestando atenção nesses sentimentos em seu corpo, sentindo-se em contato com essa parte de si mesmo. Diga: "Estou pronto para ouvir. Pode me contar a sua função, o que está tentando fazer e por que é tão importante. Não vou lhe atacar." Veja se algo surge.
- Certifique-se de que a característica que deseja mudar está ativada e que pode senti-la em seu corpo. Entenda de que maneira esse comportamento ou história tenta servir à vida. O mais provável é que seja uma resposta a uma ferida emocional. Tenha empatia pela parte de você que acreditava que esse comportamento ou história seria a solução para um problema importante.

- Agora complete uma frase. Diga em voz alta e, em seguida, complete com o que lhe vier à mente. Não precisa fazer sentido. Tente fazer isso pelo menos cinco vezes. "Recuso-me a ter compaixão por mim mesmo (ou a me amar), porque se fizer isso..."
- Nomeie a ferida emocional que levou à sua história ou comportamento. Em seguida, descreva como essa suposição foi uma tentativa de criar significado ou esse comportamento foi uma tentativa de se proteger.
- Embale a dor emocional com amor e compaixão, como um bebê.
- Dialogue com a parte em você encarregada do comportamento problemático ou da situação. Não faça dela sua inimiga. Avise que você quer ajudar e compartilhe gentilmente qualquer informação que ela ainda não saiba.

Se aprendemos a amar as partes feias em nós mesmos, amar as outras pessoas fica muito mais fácil. Essa é uma prática de olhar para algo que parece ruim, estúpido, irracional, disfuncional ou qualquer coisa assim. Nós olhamos pressupondo que há uma parte em nós que tem o belo propósito de servir à vida ao se agarrar a algo que parece negativo. Quando esse modo de pensar se torna natural, fica muito mais fácil ver a motivação para servir a vida nos comportamentos problemáticos das outras pessoas também.

CAPÍTULO 10

PERDENDO O MEDO

> Não querer que nada seja diferente, nem dali para a frente, nem para trás, nem em toda eternidade. Não meramente suportar o necessário e muito menos escondê-lo... mas amá-lo.
>
> FRIEDRICH NIETZSCHE

No verão de 2005, eu estava a caminho do Village des Pruniers, o monastério budista onde Thich Nhat Hanh mora na França, para praticar e estudar com ele durante três meses. Eu tinha férias de verão na pós-graduação, e os monges me ofereceram uma estadia em troca de trabalho, para que pudesse ficar lá de graça. Gastei meu último dólar em uma passagem de avião e guardei todos os meus pertences em minha caminhonete. O plano era deixá-la em um estacionamento de longo período a caminho do aeroporto.

No entanto, planos mudam. Na véspera do meu voo, fui dormir no sofá de um amigo em Oakland. Ao acordar, encontrei os cacos de vidro onde minha caminhonete e todas as minhas posses terrenas (incluindo meu passaporte) tinham estado no dia anterior. Tudo havia sido levado. Eu não tinha dinheiro, nem onde morar, nem nada além das roupas do corpo. Eu tinha uma passagem de ida e volta para a França, mas não tinha meu passaporte. O pior de tudo era perder a chance de estudar com meu professor. No entanto, naquele momento em que perdi tudo, sorri.

Há uma história que fala sobre um dia em que Buda estava sentado em uma colina com um grupo de monges apreciando o pouco de comida que haviam mendigado. Durante a refeição, um fazendeiro veio correndo, chorando e gritando. Ele disse ao Buda:

"Monge, você viu minhas vacas? Quando acordei hoje de manhã, elas tinham sumido. Eu só tenho essas vacas, mais nada. Uma praga destruiu minha pequena safra de gergelim há algumas semanas. Se não encontrá-las, estarei arruinado e terei que me matar. Por favor, monge, diga-me se elas passaram por aqui."

O Buda olhou para o fazendeiro com um olhar repleto de compaixão e disse:

"Sinto muito, mas suas vacas não passaram por aqui. Você deveria procurar na outra direção."

O fazendeiro soltou um grito agoniado e saiu correndo. Depois que ele se foi, o Buda olhou para os outros monges e abriu um grande sorriso. Então disse:

"Que sorte a de vocês, que não têm vacas a perder."

Esses monges haviam desistido de tudo para viver na floresta pedindo comida. A palavra em páli que costumamos traduzir como "monge" é *bhikkhu*, que na verdade significa mendigo. Para mim, essa história é sobre o estado destemido que se alcança ao deixar as coisas irem. Há uma enorme diferença entre perder suas vacas e deixá-las irem. Você acaba sem elas de um jeito ou de outro, mas o primeiro traz um sofrimento excruciante e o segundo é libertador.

Deixá-las irem não significa que você não as ama ou mesmo que tenha necessariamente que se livrar delas. Está mais para um estado de espírito em que você tem a clareza de que a vida continuaria a ser linda mesmo sem elas. Os animais podem ficar ou partir, mas você vai ficar bem de qualquer maneira. De fato, deixá-las ir nos ajuda a amá-las incondicionalmente. Depois que deixo uma coisa ou pessoa ir, me torno muito mais capaz de apreciá-la quando ainda está presente, porque não vivo mais com medo de perdê-la.

Então, quando saí pela porta naquela manhã e vi que minha caminhonete tinha sumido, ri e disse a mim mesmo: "Agora você não tem mais uma caminhonete para perder." Ligamos para a polícia, meu amigo ficou para cuidar da papelada enquanto eu recebia uma carona até a agência de passaportes dos EUA no centro de São Francisco. De alguma forma, conseguiram um passaporte substituto a tempo de eu pegar meu voo. Enquanto atravessava o Atlântico, sete milhas acima das ondas, senti-me incrivelmente leve e contente.

Infelizmente, no entanto, nem sempre lido tão bem com as dificuldades. Só esta tarde me senti um completo fracasso em minha prática. Enquanto escrevo isso, Annie está no meio de um tratamento muito sofrido. Ela vem fazendo rádio e quimioterapia, e tem outra cirurgia marcada para amanhã de manhã. A radioterapia é terrível, e ela sente uma dor física debilitante na maior parte do tempo. Além disso, na última semana, devido às sessões longas e frequentes de tratamento, hospedou-se em um local perto do hospital com a mãe enquanto eu ficava em casa com nosso filho. Ela sente saudade de nós dois (especialmente dele).

Veio para casa ontem e, quando chegou a hora de partir outra vez hoje à tarde, ficou arrasada. Enquanto eu a acompanhava até o carro, ela me contou o quanto se sentia sobrecarregada. Ela nunca passara tanto tempo longe de nosso filho desde que ele nasceu, e sua dor física estava piorando. Ela também não aguenta mais cirurgias. Nós caminhamos e eu a ouvi, mas, para ser sincero, não estava de fato presente.

Meu corpo estava rígido, meu rosto parecia feito de pedra e mal consegui prestar atenção em suas palavras. Percebi que ela ficou decepcionada com minha falta de empatia, mas senti que não tinha mais nada a oferecer.

Depois que o carro partiu, sentei-me debaixo de uma árvore para refletir por alguns minutos enquanto meu filho brincava. A primeira coisa que notei foi a vergonha que senti. Aqui estou eu, escrevendo um livro inteiro sobre estar presente, e havia falhado justo no momento em que Annie precisava muito de mim. Eu me senti um charlatão.

Sob aquela árvore, prestei atenção em minha respiração e tentei voltar ao presente. Eu sabia que estava perdido em narrativas e comentários internos, então me perguntei: "O que é real e verdadeiro agora? O que sei com certeza?" Sentei-me em silêncio e algo dentro de mim me deu permissão para ser um charlatão, sussurrando: "Você pode ser um charlatão. Tudo bem, eu ainda estou aqui para você." Quando ouvi essa voz, todo o meu corpo começou a relaxar. Minha mente ficou em branco por um minuto ou mais, então ouvi uma voz dentro de mim dizendo: "Eu não quero estar aqui no presente com ela. É demais. Só quero ir embora." Havia espaço suficiente para aquela voz também.

Desse espaço todo, ouvi: "Esse sentimento é humano e belo. Todos os seres vivos sentem aversão ao sofrimento. Essa aversão faz parte da vida em você." Abracei meu próprio corpo e permiti que o sentimento fosse tão intenso quanto quisesse. Sussurrei a mim mesmo: "Você não quer sofrer, nem quer ver outras pessoas sofrerem. Claro que não." Naquele momento senti a compaixão e a aceitação dissolverem meu estresse, meu medo, minha vergonha. Eu podia me ver como um ser vivo, não diferente de qualquer outro — uma parte linda, pequena e inseparável da criação. Meu coração continuou a se abrir e a beleza da vida naquele momento me deixou sem palavras.

Por sorte, vi Annie mais tarde naquela noite. Houve uma mudança de planos e ela veio nos visitar antes de um de seus tratamentos. Dessa vez foi diferente e pude estar presente. Fiquei sentado ao lado dela, segurei sua mão e a ouvi. Essa aversão ao seu sofrimento ainda surgiu em mim, mas então, em vez de me sentir envergonhado, cumprimentei-a com amor. Uma voz gentil em mim disse: "Claro que isso dói e você não quer sofrer. Mas vamos continuar presentes porque temos a oportunidade de fazer algo bom." O sentimento ficou bem mais leve quando o aceitei.

Às vezes, suas vacas são um caminhão; em outras, são uma ideia. Acredito que o mais difícil de perder é uma ideia sobre quem você é. Gosto de pensar em mim mesmo como alguém capaz de ficar presente quando uma pessoa que amo está sofrendo. No entanto, eu me agarrei tanto a essa imagem de mim mesmo que justamente ela estava me impedindo de estar presente. Quando me dei permissão para ser um charlatão, me desfiz dessa imagem de mim mesmo. Então fiquei livre para ser totalmente humano, sem medo.

DESAPEGO DE IDEIAS

Todos nós temos histórias às quais nos agarramos e que nos impedem de ver as coisas como realmente são. Você pode acreditar que é muito inteligente, e essa crença vai atrapalhar quando for hora de admitir que não entendeu alguma coisa. Você pode acreditar que pessoas de certa ideologia política são um bando de idiotas irracionais, o que pode impedi-lo de construir um diálogo significativo com um deles. Muitas vezes, quanto mais certos estamos de uma ideia, mais nos apegamos a ela. Quando fazemos isso, o aprendizado e a comunicação se tornam impossíveis.

Há uma história antiga sobre um professor universitário de visita a um mestre zen. O professor era um gênio. Ele conhecia profundamente todas as escolas de filosofia e era denominado por muitos como o melhor debatedor do planeta. Foi ver o mestre zen porque queria provar que sua filosofia era superior.

O mestre zen o convidou a se sentar e lhe ofereceu chá. Então, em um tom belicoso, o professor perguntou: "Quais são os ensinamentos essenciais do zen?"

O mestre zen começou a servir a bebida. Encheu a xícara e continuou servindo, fazendo o chá transbordar no chão. O professor tentou manter a compostura, mas depois de um tempo acabou gritando:

"A xícara está cheia! Não tem mais espaço!"

O mestre zen parou de derramar e disse:

"É assim com a sua mente. Você é tão cheio de opiniões e ideias que não há espaço para o zen."

Shunryu Suzuki Roshi, fundador do Centro Zen de São Francisco, resumiu a história dizendo: "Na mente do principiante, existem muitas possibilidades; na mente do especialista, há bem poucas."

O valor de histórias como essa é que elas nos dão permissão para não sabermos tudo. Não só não preciso fingir que tenho todas as respostas como, na verdade, há virtude em admitir quão pouco sei com certeza. Quando consigo manter minhas próprias crenças com certo grau de desapego, estou aberto a aprender com a vida. Posso abstrair uma crença assim que ela não me servir mais. No entanto, o problema com histórias como essa é que elas podem fazer com que pareça glamoroso não dizer e não fazer nada, porque todas as nossas ideias são apenas obstáculos para algum tipo de compreensão mais profunda. Desse jeito, podemos acabar complacentes, e este não é um momento na história para isso.

PENSAMENTOS SÃO MODELOS. PENSAMENTOS SÃO ARMADILHAS. PENSAMENTOS SÃO AMIGOS.

O apego às ideias é um dos fatores mais destrutivos da conexão humana. Um ser humano real é a continuação de incontáveis elementos de não eu, incluindo seus ancestrais, professores e as pessoas que lhe fizeram mal. Um ser humano real é movido por uma força que procura evitar o sofrimento e busca o bem-estar, mas muitas vezes não sabe como atingi-lo. No entanto, na maioria das vezes, não interagimos com seres humanos de verdade, mas com nossas ideias e projeções sobre eles.

Tenho uma suposição sobre a motivação de minha tia ao apoiar Trump, uma sobre como minha professora da quarta série foi emocionalmente abusiva e uma de que meu amigo Gary é um gênio incompreendido. Se você me disser que estou errado sobre qualquer uma dessas hipóteses, vou resistir. Estou emocionalmente investido em acreditar que são verdadeiras, o que reconheço que é uma idiotice.

Histórias como essas são modelos mentais de seres humanos — muito mais simplificadas do que a realidade. Quando me apego à minha narrativa sobre alguém, significa que não estou aberto à realidade dessa pessoa. Esse apego significa que, caso meu modelo não corresponda à realidade, escolho mantê-lo. A realidade que se foda.

Não ter apego significa estar mais interessado na realidade do que nos modelos. Começa com o reconhecimento de que todas as ideias são apenas modelos do mundo, não o mundo em si. Ela jamais poderia corresponder perfeitamente à realidade, assim como um mapa nunca poderia corresponder perfeitamente ao terreno. Mesmo que não tenha erros graves, sempre será uma simplificação. Tentar compreender por completo a realidade de qualquer situação é como a história de Borges sobre os cartógrafos que desejavam criar um mapa perfeito de seu império. Eles acabam com um mapa do mesmo tamanho do império. É ridículo.

Quando nos esquecemos de que nossas ideias não passam de modelos do mundo, elas se tornam armadilhas. Minha tia não é incapaz de raciocinar, mas meu modelo mental sobre ela é. Minha professora da quarta série não é a personificação do mal, mas meu modelo mental sobre ela é. Meu amigo Gary não é infalível, mas meu modelo mental sobre ele é. A comunicação e o aprendizado de verdade só são possíveis quando estou disposto a renunciar uma ideia e atualizar meus modelos de pessoas e do mundo.

A maioria de nós acredita em tudo o que pensa, o que é uma sandice. Todo mundo sabe que somos capazes de equívocos e mal-entendidos, e até nos lembramos de várias vezes em que estávamos errados. Nós tínhamos certeza de que alguma pessoa na festa nos odiava, estávamos convencidos de que um barulho no quintal era um urso, quando nada disso era verdade. No entanto, isso não nos impede de acreditar sem questionar em qualquer coisa que pensemos a seguir. É como se pudéssemos admitir que um pensamento passado não era verdade absoluta, mas o que estamos pensando no presente parece real demais para ser questionado.

Uma maneira de lidar com nossos próprios pensamentos que acho mais produtiva é imaginar que eles são amigos que não param de oferecer opiniões e conselhos não solicitados. Se você tivesse um amigo que ama você de verdade e não conseguisse parar de lhe dar conselhos, como você reagiria? Você não deveria rejeitar ou ignorar de imediato o que foi dito, porque essa pessoa se preocupa com o seu bem-estar e não pode estar *sempre* errada. No entanto, é claro que você não deve acreditar em suas palavras sem questionar. Idealmente, registra tudo o que é dito, agradece a preocupação e, em seguida, reflete antes de decidir se vale a pena acreditar em suas palavras.

Quanto mais aprendemos sobre o funcionamento da mente, mais se torna possível não se deixar levar pelas narrativas que construímos. Muitos neurocientistas computacionais são obcecados por algo chamada *hipótese do cérebro bayesiano*. Em resumo, significa que nossos modelos do mundo existem principalmente para tentarmos prever o que acontecerá no futuro. Alguns modelos, como a frenologia, são terríveis em fazer previsões. O formato do crânio do seu vizinho não lhe diz nada sobre as probabilidades de ele lhe roubar. Outros, como a física newtoniana, são bastante precisos. Se eu jogar uma bola branca com determinada força em determinado ângulo, posso prever sua trajetória com muita precisão.

De acordo com a hipótese do cérebro bayesiano, podemos desenvolver uma certeza cada vez maior sobre nossas crenças em função de nosso sucesso ao prever algo. No entanto, essa certeza nunca pode chegar a cem por cento, porque não passam de modelos com base em informações incompletas.

Se pudermos nos treinar para enxergar nossa visão de mundo atual como uma aproximação da realidade que sempre pode ser atualizada por novas experiências, desenvolvemos uma flexibilidade cognitiva que nos permite aprender, crescer e nos relacionar. Evitamos a armadilha do relativismo completo, porque nossas crenças estão fundamentadas em nossa experiência do mundo, e também a da certeza completa, porque sabemos que nossas crenças não passam de modelos.

PRÁTICA

- Escolha uma crença sua da qual outras pessoas discordam.
- Reflita um pouco e permita-se sentir completamente seguro de que você está certo e as outras pessoas estão erradas.
- Ao manter essa crença em mente, preste atenção às sensações em seu corpo.
- Dê a si mesmo permissão para senti-las e permita que sejam tão intensas quanto quiserem.
- Diga a si mesmo: "Não há problema em ter certeza sobre minha crença. Não preciso lutar contra isso." Continue prestando atenção às sensações em seu corpo.
- Direcione amor e aceitação a qualquer angústia que sinta.
- Espere até seu corpo se acalmar e diga: "Minha crença é um modelo do mundo baseado em minha experiência, mas não o mundo em si." Observe quais sensações surgem em seu corpo e sinta-as. Receba o que quer que isso desperte em você e passe alguns minutos assim.

- Quando seu corpo se acalmar, imagine outra pessoa discutindo com você. Diga: "A crença dessa pessoa é seu modelo de mundo baseado em sua experiência. Sei que a sua motivação mais profunda é reduzir o sofrimento."
- Por fim, pergunte-se: "Se pudéssemos unir nossas experiências, que modelo faria sentido para ambos?"

AGIR COM CONVICÇÃO MAS SEM CERTEZA

Ao refletir sobre isso tudo, você pode se perguntar como o desapego às ideias mudaria sua capacidade de agir. Por exemplo: como vou criar mudanças no mundo se estiver sempre duvidando do que acredito? Como ficar aberto e sem apego às ideias e não acabar complacente? Como me opor a algo que sei estar errado sem cair nas armadilhas da certeza, como a retidão tóxica e a desumanização de meus adversários?

Gandhi escreveu muito sobre suas dificuldades com essas questões. Ele acreditava que a chave era reconhecer que seu ponto de vista nunca seria imutável ou uma verdade absoluta. No entanto, sempre teria um pouco de verdade. Gandhi defendia sem medir esforços o que julgava verdadeiro ao mesmo tempo em que permanecia aberto aos núcleos da verdade que acreditava que podiam existir nos pontos de vista de seus adversários.

Isso parece ótimo, mas falar é mais fácil do que fazer. Na realidade, as pessoas que estão abertas a aprender com pontos de vista diferentes são, muitas vezes, bastante complacentes. Elas podem ser compassivas no dia a dia, mas são muito menos propensas a se opor à violência e à opressão. Por outro lado, aqueles que estão na linha de frente da luta pela mudança social são, muitas vezes, apegados às suas ideias e não estão lá muito abertos à aprendizagem. No entanto, não precisa ser assim. Alguns dos movimentos sociais mais eficazes da história mantiveram o desapego às opiniões como um valor primário. Podemos tentar fazer isso de novo e, caso sejamos bem-sucedidos, acredito que nosso ativismo terá um impacto muito maior.

TORNANDO-SE DESTEMIDO

O desapego a ideias pode ser o caminho para a ausência de medo radical, porque todo o medo e a raiva (e às vezes até mesmo a tristeza) começam quando nossa mente rotula uma situação como *inaceitável*. Pode ser algo que já está acontecendo ou que poderia vir a acontecer. O rótulo aciona o sistema de resposta a ameaças em nosso cérebro e corpo. Cria emoções negativas que o mobilizam para mudar ou impedir a ameaça. Nesse estado psicológico, o pensamento ponderado é difícil. Então, você reage no piloto automático.

Por outro lado, o destemor torna-se possível quando enfrentamos uma ameaça e a examinamos até que nossa mente não a considere mais inaceitável. Uma vez que a situação é revertida, deixa de ser uma ameaça, e o medo desaparece. Você ainda pode escolher mudar ou impedir a situação — pode tentar fazer isso com todas as forças —, mas agirá com liberdade e desapego. A mudança torna-se uma preferência em vez de uma necessidade absoluta, o que cria uma tremenda leveza, abertura e humanidade.

Funciona assim: pense em uma situação incômoda em sua vida ou em algo que você tema que aconteça, que o tire do sério ou apenas provoque uma distração. Seja como for, você reconhece que há alguma situação que sua mente considerou inaceitável. Mais uma vez, pode ser algo que já aconteceu ou algo que poderia acontecer. Nesta prática, trataremos os dois casos da mesma forma.

Concentre sua atenção na situação de maneira objetiva. Tente separar a realidade observável de suas narrativas internas sobre ela. Por exemplo, o real é seu parceiro chorando e dizendo: "Não acredito que você fez isso." A suposição pode ser que essa reação signifique que você é uma pessoa terrível.

Ao estar presente nessa cena, aceite as sensações que surgem em seu corpo. Embale-as como faria com um bebê — com calor, ternura e atenção amorosa. Você está enfrentando certo aspecto da realidade e permitindo que seu corpo responda de maneira negativa. Os hormônios do estresse, como o cortisol e a adrenalina, podem surgir em sua corrente sanguínea quando você oferecer a si mesmo amor e aceitação. Ao abraçar sua experiência com compaixão, você ativa o Circuito de Cuidados do seu cérebro, que começa a regular suas emoções. Enquanto isso, continua a se concentrar na cena que tinha rotulado como *inaceitável*.

Sua mente pode passar desse episódio para outros, pensando no que mais poderia acontecer caso ela se concretizasse, que desdobramentos ainda piores poderiam ocorrer. Nesta prática, não resista. Na verdade, esse estado destemido vem de estar aberto ao pior desfecho que sua mente poderia criar. Sem acreditar que esse cenário acontecerá com certeza, você admite que *poderia acontecer*. Encare seu pior desfecho possível enquanto trata seu medo com amor.

Depois de um tempo, algo se abrirá. Seu cérebro reconhecerá que mesmo o desfecho que consegue imaginar pode não ser tão ruim quanto parecia. Ele perceberá que, ainda que o pior aconteça, o amor ainda será possível. Agora, quando enfrentar essa situação, sua resposta fisiológica será diferente. A situação é a mesma, mas não inspira os mesmos medos ou raiva. Ancorado na compaixão por si mesmo, você pode decidir agir ou não, com liberdade e espaço. Esse é o estado que chamo de destemido.

CAPÍTULO 11

COMUNIDADE COMO REFÚGIO, COMUNIDADE COMO ARMA

> Os seres humanos serão mais felizes não quando curarem o câncer ou chegarem a Marte... mas quando encontrarem uma maneira de habitar as comunidades primitivas.
>
> KURT VONNEGUT

Vamos analisar três citações sobre comunidade e depois pensar em que significam. No Upaddha Sutta, o Buda tem uma conversa com seu discípulo, Ananda. Este diz que depois de todos os seus anos de prática de meditação, passou a acreditar que ter bons amigos espirituais é metade do caminho, então pergunta se o Buda concorda. Ele responde:

Não diga uma coisa dessas, Ananda. Ter bons amigos espirituais não é metade do caminho. Na verdade, é o caminho. Quando alguém tem bons amigos espirituais, é de se esperar que essa pessoa evolua e busque a vida santa.

Então, o Buda diz que a amizade espiritual é tudo quando se trata de desenvolvimento espiritual. Inclusive, a comunidade de praticantes, com frequência chamada de *Sangha*, é considerada uma das Três Joias do Budismo, em pé de igualdade com o Buda e seus ensinamentos.

Nossa segunda citação é atribuída a Margaret Mead, feminista e antropóloga. Embora ninguém possa afirmar que ela de fato a tenha dito, esta se tornou uma das declarações mais citadas entre os ativistas.

Nunca duvide que um pequeno grupo de pessoas conscientes e comprometidas possa mudar o mundo. Na verdade, é o único que já o fez.

Posso confirmar que todos os movimentos sociais dos quais fiz parte seguiram em frente graças a laços pessoais estreitos. Portanto, bons amigos espirituais são a única maneira de crescer espiritualmente e, no caso do ativismo, são a única maneira de realizar mudanças.

Agora, nossa terceira citação vem de Vivek Murthy, ex-cirurgião geral dos EUA. Em 2018, ele escreveu:

A solidão é uma epidemia de saúde crescente. Vivemos na era mais tecnologicamente conectada da história da civilização, mas os índices de solidão dobraram desde os anos 1980.

Em outras palavras, nossa sociedade está perdendo o único fator que possibilita o crescimento espiritual e a mudança social: a comunidade.

De acordo com Murthy, os americanos relatam que estão mais solitários e isolados hoje do que em qualquer outro momento da história, com quase metade de todos os adultos dizendo que não tem interações significativas no dia a dia. Embora a maioria de nós suponha que os idosos sejam os mais isolados, na realidade a Geração Z (por algumas definições, a dos nascidos depois de 1997) relata estar mais solitária do que qualquer outra. Além disso, o isolamento social não é apenas debilitante em termos espirituais e políticos: uma pesquisa mostrou que a solidão faz tão mal à saúde quanto fumar um maço de cigarros por dia. Ela está literalmente nos matando.

O que fazer, então? Devemos jogar nossos celulares fora e fugir para as montanhas, como no filme *Capitão Fantástico*? Formar comunidades alternativas? Já está claro que a devastadora falta do senso de comunidade nos dias atuais não será solucionada por uma nova mídia social, mas ainda não sabemos o que poderia de fato ajudar.

Eu gostaria de ter uma resposta pronta para esse problema, mas não tenho. No entanto, me parece que qualquer solução deve começar com o reconhecimento da importância da comunidade em nossas vidas e a vontade de priorizá-la acima de outros fatores. Precisamos incluir escolhas individuais e ações coletivas para resistir às tendências socioeconômicas mais amplas que direta e indiretamente se opõem à comunidade e à sociabilidade.

Neste capítulo, portanto, compartilharei um pouco da minha história ao tentar priorizar a minha comunidade e oferecerei algumas sugestões e espaço para reflexão.

ESCOLHER A COMUNIDADE

Na primavera de 2011, Annie e eu pedimos demissão, juntamos nossas coisas, deixamos a Califórnia e nos mudamos para New Hampshire. Você pode estar pensando: "Por que alguém faria isso?", o que, por coincidência, foi o que muitos de nossos amigos também pensaram.

Eis o motivo: alguns anos antes, eu estava em um retiro de meditação em Village des Pruniers quando fiquei sabendo que dois dos meus monges favoritos, Fern e Michael, tinham deixado o monastério e iam se casar. Entrei em contato com eles, que me explicaram que planejavam iniciar um novo projeto, diferente de tudo que eu tinha ouvido falar. Seria uma espécie de monastério para leigos — um lugar onde pessoas que não querem fazer votos monásticos (como o celibato ou não ter posses) poderiam viver juntas e participar de retiros de meditação. Seria um lugar para uma vida simples, perto da natureza, priorizando a atenção plena e a união.

Annie e eu passamos alguns anos considerando a ideia. Tínhamos visitado Fern e Michael na Nova Inglaterra e conversado com eles sobre sua visão para a comunidade. Por outro lado, gostávamos muito da vida na Baía de São Francisco. Nós amamos a cultura progressista, as artes, o clima, nossos empregos eram estáveis e, além de tudo, era a cidade natal de Annie. Eu era diretor de um programa em Oakland para crianças com distúrbios emocionais graves e Annie era diretora de um centro de educação ambiental baseado em fazendas no condado vizinho de Marin.

Por outro lado, a vida na Califórnia tem suas desvantagens. Com nossos trabalhos em organizações sem fins lucrativos, tínhamos dificuldades para pagar o aluguel na região. Também sabíamos que queríamos ter filhos e víamos que nossos amigos eram pais ocupados, estressados e com dificuldades financeiras ainda maiores.

Por um longo período, ficamos indecisos sobre o que fazer. Com o tempo, a Baía de São Francisco passou a simbolizar para nós estabilidade financeira, uma cultura urbana e o tipo de caminho comum focado em carreira ou na família. Por outro, juntar-se a Fern e Michael seria como mergulhar no desconhecido. Não tínhamos um plano para ganhar dinheiro, mas não precisaríamos de muito. Tínhamos esperanças de construir uma comunidade forte, mas seriam apenas nossas duas famílias no início.

Depois de três anos em cima do muro, finalmente decidimos nos arriscar. Enquanto isso, Fern e Michael tinham levantado fundos suficientes para comprar 240 acres de floresta perto de Keene, New Hampshire, um terreno barato que tinha sido usado como lixão pelos moradores por trinta anos. Eles limparam a área, construíram uma casa e uma pequena sala de meditação com fardos de palha e argila, e nos ofereceram espaço para construir uma casa se fôssemos ajudá-los a iniciar o projeto. E assim fizemos. Foi como abrir mão do que era estável e previsível a fim de abrir espaço para a comunidade e a simplicidade.

Ao chegarmos, eu ainda ganhava algum dinheiro escrevendo e oferecendo terapia por telefone, mas nos concentramos principalmente na construção de uma casa e no início do centro de retiro e coabitação. Nós chamamos o espaço de MorningSun Mindfulness Center, e é onde moramos hoje. Como nós mesmos construímos a casa, não foi tão caro, e levamos uma vida confortável bem abaixo da linha de pobreza federal.

COMUNIDADE É REFÚGIO
(DE TUDO MENOS DE VOCÊ MESMO)

Para mim, morar em MorningSun tem sido uma grande bênção. Não preciso de muito dinheiro, portanto nunca estou muito ocupado. Quase sempre há pessoas por perto que estão disponíveis para conversar ou fazer alguma coisa juntas. Desde o diagnóstico de Annie, é incrível o apoio que recebemos. Além disso, não consigo imaginar um ambiente melhor para minha prática de atenção plena. No entanto, viver em comunidade não resolve tudo.

Talvez você já tenha ouvido dizer: "Aonde quer que você vá, lá você está." Viver em comunidade não me impede de sentir solidão, frustração e estresse, porque isso faz parte da vida e são estados mentais que surgem em qualquer ambiente, não importa quanto apoio se tenha. Acho que o melhor que podemos esperar do lugar onde moramos é que ele tenha espaço e apoio suficientes para que possamos prestar atenção ao nosso sofrimento e cuidar dele.

COMUNIDADES ALTERNATIVAS NÃO SÃO PARA TODO MUNDO

Viver no MorningSun pode parecer idílico, mas não é para qualquer pessoa. Na verdade, por mais que Annie adore nossa comunidade, ela também sente muita falta de suas raízes na Califórnia, então não sei por quanto tempo ainda continuaremos aqui.

A verdade é que precisaremos de várias soluções diferentes para o problema do isolamento social para que nossa sociedade recupere qualquer sentimento de comunidade. Alguns estarão dispostos a fazer grandes mudanças de estilo de vida para encontrar simplicidade e conexão. No entanto, a maioria das pessoas está interessada em cultivar a comunidade em que já vivem.

Nesse caso, parece que há questões mais amplas a serem exploradas.

1. Se você está ocupado demais, consegue abrir espaço em sua vida para as relações?
2. Há coisas que você faz sozinho (ou com sua família), mas que poderiam ser feitas em comunidade?
3. Você tem bloqueios emocionais que atrapalham a conexão e a intimidade?

Não tenho muito a dizer sobre as duas primeiras questões além de recomendar que você reserve algum tempo e espaço para refletir sobre elas, e que seja criativo. No entanto, tenho algo a dizer sobre a terceira.

Se reconhecer que há uma parte em você que impede mais conexão e intimidade, a primeira coisa a fazer é avaliar se as pessoas em sua vida são capazes de tê-la da forma que você deseja. A intimidade sempre requer vulnerabilidade. Na verdade, de certa forma, são a mesma coisa. Sentimo-nos próximos de alguém à medida que nos permitimos vulnerabilidade em sua presença, o que significa uma exposição ao risco emocional.

Consegue pensar em alguém em sua vida que responda de maneira positiva se você se arriscar a dividir mais de si mesmo? Se não conseguir, você talvez precise considerar fazer novos amigos (grupos de meditação podem ser um bom lugar para começar). No entanto, caso se lembre de alguém, sua prática será tolerar o risco de se expor emocionalmente.

Se esse é o caso, tente o seguinte:

PRÁTICA

- Visualize a outra pessoa e imagine-se dizendo algo verdadeiro e vulnerável sobre si mesmo. Você pode começar com algo pequeno. Por exemplo, compartilhe algo que desperta sua insegurança ou converse sobre uma característica sua que gostaria que fosse diferente.

- Preste atenção às sensações que surgem em seu corpo enquanto diz isso. Permita que essas sensações sejam tão intensas quanto desejarem. Deixe-as permanecerem ou mudarem como quiserem. Passe alguns minutos apenas sentindo e aceitando. Você está correndo esse risco e algumas sensações desagradáveis podem surgir em seu corpo. Não resista. Permita-se senti-las e não se esqueça de que esses sentimentos são universais.
- Continue compartilhando sua vulnerabilidade com a pessoa que escolheu e mantenha-se conectado às sensações em seu corpo. Agora, mande compaixão a si mesmo. Você pode dizer palavras gentis para a parte dentro de você que está sofrendo, se imaginar direcionando uma energia amorosa para si mesmo ou imaginar alguém capaz de amá-lo e aceitá-lo naquele momento. O importante é entrar em contato com a insegurança da vulnerabilidade e ter a experiência de ser amado *ao mesmo tempo*.

Continue essa prática até conseguir se imaginar dividindo algo vulnerável sem se sentir tão desconfortável. Então, procure a pessoa escolhida e tente fazer isso na vida real.

COMUNIDADE COMO ARMA

Em 1966, a proporção da Guerra do Vietnã estava aumentando e Thich Nhat Hanh trabalhava incansavelmente com a Escola da Juventude para o Serviço Social ajudando vítimas e reconstruindo aldeias. Ele e as outras pessoas que trabalhavam com isso viviam à beira do desespero. Fazia três anos desde que seu amigo íntimo, Thich Quang, incendiara a si mesmo para protestar contra a guerra. Eles faziam tudo ao seu alcance para acabar com aquela devastação, mas as coisas só pioravam.

Em uma noite de lua cheia em fevereiro daquele ano, Thich Nhat Hanh e cinco de seus amigos mais próximos realizaram uma cerimônia em Saigon para estabelecer formalmente a Ordem do Interser (Tiêp Hiê). Eram três mulheres e três homens, alguns monges e outros leigos, que fizeram votos para apoiar a prática de atenção plena uns dos outros e trabalhar juntos em prol da mudança social. Eles separavam pelo menos um dia por semana para meditação, apoiando uns aos outros de todas as formas possíveis.

Esse é um exemplo perfeito de como as comunidades podem servir à função dupla de refúgio emocional e instrumento de ação política. Assim como a prática da meditação, nossas comunidades podem nos abraçar quando estamos sofrendo e nos fortalecer em nosso trabalho por um mundo melhor. Se não passarem de um refúgio, vão se tornar autocentradas e escapistas. Se forem focadas apenas na ação, serão emocionalmente frias e alimentarão nossa retidão tóxica. Uma comunidade saudável pode se alternar para desempenhar essas duas funções de acordo com nossas necessidades.

Thich Nhat Hanh também recomendou a seus alunos que não tentassem praticar a atenção plena sem o apoio de uma comunidade. Disse que fazer isso é como um pingo de chuva caindo no topo de uma montanha com a expectativa de chegar sozinho ao mar. Não tem como. No entanto, é possível completar essa jornada como parte de um rio. Se pudermos encontrar pessoas que compartilham nossas aspirações, nossa energia coletiva se tornará um rio nos levando para onde queremos seguir.

CAPÍTULO 12

SUAS DEZ MIL HORAS

> [Meditação] me parece a resposta mais luxuosa ao vazio da minha própria existência.
>
> LEONARD COHEN

Se chegou até aqui, espero que algumas das ideias e práticas neste livro tenham feito sentido para você. Este último capítulo fala sobre como aproveitar as ideias das quais gostou e integrá-las o mais profundamente possível a *quem você é*. Fala sobre passar do pensamento à ação e usar a prática para criar novos hábitos.

A primeira parte deste capítulo trata de como praticar de maneira que você se sinta mais vivo. A segunda tem como foco a etapa concreta na hora de criar uma prática de meditação que sirva para você.

NÃO SEJA UM ZUMBI DA ATENÇÃO PLENA

Passando muito tempo em retiros ou grupos de meditação, é fácil ter a impressão de que o principal efeito da prática da atenção plena é deixar as pessoas dóceis e reprimidas, que chamo de *zumbis da atenção plena*. Andam devagar, falam baixinho e se mostram humildes, mas conversar com eles é como falar com alguém de um culto. Não parecem ter pensamentos ou sentimentos próprios. Em vez disso, repetem as palavras do *dharma* que leram naquela semana. Em alguns lugares, são tantos que parece que a única maneira de se encaixar como um novo meditador é agir como eles. Por favor, não faça isso.

O objetivo de praticar a atenção plena, a compaixão, a gratidão e tudo o mais é levar uma vida mais completa. Trata-se de fortalecer sua capacidade de preservar a humanidade, o que significa sentir-se à vontade em todo o espectro da experiência humana. É justamente o oposto de tentar se restringir a uma estreita gama de expressão aceitável.

Em cada momento da sua prática, mantenha-se em contato com o que está vivo dentro de você. Se apenas fizer tudo automaticamente, não terá grandes benefícios. Existem dois fatores que podem ser úteis. Motivação e confiança. Na psicologia budista, a motivação (em páli: *viriya*) vem de saber que algo é benéfico. Você fortalece essa capacidade ao refletir sobre os benefícios de cultivar a compaixão, o destemor ou qualquer outra qualidade que queira praticar, bem como os perigos de não fazê-lo.

Na minha vida, é sempre muito útil entrar em contato com meu estímulo antes de começar qualquer tipo de prática de meditação. Eu me pergunto: "Por que estou fazendo isso?" Se a resposta for "porque esta prática ajuda a desenvolver a concentração", então me pergunto por que é importante. Por que gastar tempo com isso? Nem sempre preciso responder a essas perguntas. Só perguntar já me ajuda a manter contato com o que está vivo dentro de mim e me impede de fazer tudo no piloto automático.

Para mim, quando a meditação se torna mecânica, perde a vivacidade e quase não oferece benefícios. Lá em Village des Pruniers, há a prática de se curvar diante do altar ao fim de qualquer evento na sala de meditação. Se eu me curvar porque todo mundo está fazendo isso, é uma perda de tempo. Torna-se um obstáculo que me impede de estar em contato com a vida. Em vez disso, me pergunto: "Por que eu deveria me curvar?", o que me lembra de usar o momento para reconhecer minha gratidão pela tradição que estou aprendendo. Assim, o momento ganha vida.

Quero ser uma pessoa mais amorosa, tolerante e destemida. Quero ser fonte de compaixão e alegria na vida das pessoas que amo. Não consigo pensar em nada que eu queira mais do que isso, então esse desejo me motiva a praticar.

Na psicologia budista, a confiança (em páli: *saddha*) vem de saber que algo é possível, e que é possível para você. Talvez eu tenha compreendido minha aspiração, como sei que desejo ter um coração mais aberto ou confrontar a injustiça com destemor. No entanto, se duvidar que isso seja possível para mim, não vou praticar com tanto empenho. Quando você sabe que o desenvolvimento de sua capacidade de ser pleno é benéfico e possível, poderá levar sua prática adiante.

VOCÊ NÃO PRECISA ABRIR MÃO DE NADA, MAS PRECISA ESTAR DISPOSTO

Em cada momento da vida moderna, seu telefone, trabalho, programa de TV favorito, cada coisinha, vão encher o saco: "Ei! Presta atenção em mim. Eu que sou importante." Existem centenas de milhares de profissionais inteligentes e bem pagos trabalhando incansavelmente para desenvolver novas formas de chamar sua atenção. Se você deixar que ela atenda a qualquer chamado, acabará se tornando uma casca de ser humano. Temos que saber o que importa de verdade e fazer escolhas deliberadas.

A próxima pré-condição para criar mudanças reais em sua vida é abrir espaço e priorizar sua prática. Fazer isso nem sempre significa sacrificar outras coisas importantes para você, mas às vezes é o caso. A longo prazo, desenvolver sua capacidade de ser pleno com certeza ajudará sua carreira, sua família, suas amizades e todo o resto. No entanto, haverá momentos em que você terá que escolher em que concentrar seu tempo e sua energia.

Se planeja dedicar um dia inteiro à prática, significa que você não poderá estar em outros lugares. Se priorizar o desenvolvimento da atenção plena e da compaixão, haverá momentos em que será forçado a escolher entre a prática e outra coisa que deseje sua atenção imediata. Na minha experiência, o sentimento de abundância não vem da tentativa de "ter tudo", caso esse ter tudo signifique acrescentar mais e mais coisas à sua vida sem querer deixar de fazer nada. Para mim, a abundância vem da simplificação e de poder ser feliz com menos.

PRÁTICA

- Faça uma lista de tudo na vida que é mais importante para você do que cultivar sua capacidade de ser pleno.
- Faça uma lista de tudo o que é menos importante.
- Reflita sobre quanto tempo você gasta com as coisas que são menos importantes e tente pensar em maneiras de dedicar mais energia às coisas que julga importantes.

A PRÁTICA COMO ATIVIDADE DELIBERADA

O livro mais vendido de Malcolm Gladwell, *Fora de Série — Outliers*, popularizou os conceitos de *prática deliberada* e a *regra das dez mil horas*, ambos advindos do trabalho pioneiro do psicólogo Anders Ericsson, que estudou como as pessoas podiam melhorar em qualquer coisa, desde esportes até música e memória. Sua pesquisa o levou a concluir que quase todo tipo de especialista pratica seu ofício de maneira semelhante, o que ele chamou de prática deliberada. De acordo com Gladwell, dez mil horas dessa realização são uma boa estimativa do tempo necessário para desenvolver uma expertise em qualquer área.

Toco violão e gostaria de ser melhor nisso. O problema é que noventa e oito por cento do tempo que passei praticando ao longo da minha vida foi tocando músicas que não eram muito desafiadoras. E então, quando cometia um erro, eu seguia em frente.

A prática deliberada, por outro lado, é diferente. Significa escolher uma habilidade específica que desejo melhorar e me concentrar nela. É prestar atenção aos meus erros e corrigi-los, preferencialmente com o apoio de um professor. Por fim, consiste em aumentar aos poucos o nível de dificuldade para que eu seja sempre desafiado, mas jamais me sinta sobrecarregado. Cada hora passada dessa forma contaria como uma de prática deliberada. Por outro lado, as passadas em torno de uma fogueira tocando os mesmos três acordes não contam.

Acredito que as três condições do conceito desenvolvido por Ericsson também se aplicam ao desenvolvimento da capacidade de ser pleno.

1. Escolhemos uma habilidade específica que desejamos desenvolver (como gratidão, compaixão por si mesmo ou destemor) e a trabalhamos. É possível até aplicar um aspecto intencional na hora de desenvolver a tranquilidade e a naturalidade. Nós simplesmente passamos vinte minutos deixando de almejar qualquer realização.
2. Ficamos atento às reações e aos efeitos para fazermos os ajustes necessários. Se a nossa prática parece não ter vivacidade, voltamos ao aqui e agora e perguntamos se poderia haver uma maneira mais benéfica de nos relacionarmos com o momento presente. Podemos deixar de observar nossos sentimentos para abraçá-los, de nos concentrarmos no sofrimento para nos concentrarmos na alegria. Em condições ideais, teríamos um professor para nos ajudar, mas o importante é perceber quando a prática não está sendo útil e reagir da melhor maneira possível.
3. Aumentamos o nível de dificuldade. Por exemplo, quando for capaz de encontrar alguma serenidade a sós sentado em sua almofada, comece a visualizar uma pessoa desafiadora em sua vida e enviar compaixão a ela.

Comece escolhendo uma ou mais qualidades específicas que você gostaria de cultivar em si mesmo. NÃO transforme isso em uma oportunidade para se criticar — pelo menos tente. Se for impossível pensar em características que gostaria de desenvolver sem ser cruel consigo mesmo, recomendo se concentrar na autocompaixão como a primeira habilidade a ser trabalhada.

Depois de optar por alguns atributos particulares, o próximo passo é aprender mais sobre eles. É preciso empenhar-se em apresentar um nível básico de compreensão intelectual.

O que é gratidão e quais são algumas maneiras comuns de desenvolvê-la? Em que a autocompaixão difere da autoestima ou da autopiedade?

Quando você conhecer a qualidade que deseja desenvolver, comece a experimentar diferentes maneiras de colocá-la em prática. Os conselhos dos professores serão muito variados. Faça algumas experiências e veja o que é mais útil para você. Por fim, use as práticas de que mais gostou para treinar.

A MELHOR RAZÃO PARA MEDITAR

Durante um retiro em Village des Pruniers, Thich Nhat Hanh perguntou a todos os seus alunos por que o Buda continuou a meditar depois de sua iluminação. Ninguém foi corajoso o suficiente para responder, então ele repetiu a pergunta. Por que o Buda continuou a meditar depois de sua iluminação? Ele nos deixou contemplar a questão por um tempo e por fim disse que achava que sabia a resposta. "Acredito que ele tenha continuado a meditar porque gostava."

Em seguida, disse que se você não conseguir encontrar uma maneira de praticar da qual goste, nunca perseverará, então todos devemos encontrar formas que nos agradem. Mesmo quando estamos abraçando o sofrimento, deve haver alguma doçura e alívio. Por fim, repetiu que a melhor razão para meditar é porque se gosta. Se você pratica porque acredita que algo em você é inaceitável, essa crença vai macular sua prática e prejudicar seus esforços. Em vez disso, tente pensar: "Há uso melhor para a vida humana do que a busca por aumentar a compaixão?" Então encontre um jeito de fazer isso que lhe traga alegria.

QUATRO FORMAS DE PRÁTICA

Há tantas maneiras diferentes de atingir a atenção plena que pode ser difícil decidir qual delas priorizar em sua própria vida. Vou dividir essas possibilidades em quatro principais para ajudá-lo a refletir sobre qual pode ser melhor no seu caso. Recomendo experimentar várias diferentes até encontrar pelo menos uma da qual goste em cada categoria.

Retiros

Há diversos centros de retiro e monastérios ao redor do mundo oferecendo uma enorme variedade de programas. Esse tipo de imersão pode ser uma das melhores maneiras de aprofundar sua prática de meditação. Também pode ser um excelente primeiro passo para alguém que está apenas começando. Às vezes, sentar-se sozinho por vinte minutos pode ser difícil para iniciantes porque é difícil se adaptar a uma prática. No entanto, depois de alguns dias de retiro, mesmo um principiante muitas vezes terá uma experiência suficientemente profunda que será a base de seu exercício diário em casa.

Ao decidir que tipo de retiro experimentar, há muitos fatores a serem considerados. É claro que a localização e a questão financeira são importantes. Existem mais retiros nas regiões costeiras dos EUA do que nas outras áreas do país, então as pessoas que moram em outros lugares podem viajar para encontrar um de que gostem. Há também enorme variação nos preços dos retiros, desde Vipassana ao estilo Goenka, que são totalmente gratuitos (eles pedem doações somente depois de concluído um curso), a centros de SPA que cobram até mil dólares ou mais por dia.

Você também pode escolher entre um centro cristão, budista, secular ou de outra tradição. Você prefere um centro administrado por uma equipe de leigos ou por monges? Quer uma experiência de retiro solitária, na qual fica sozinho em uma cabana o dia todo (muitos centros oferecem esta opção) ou prefere estar com outras pessoas? Gostaria de um programa totalmente silencioso (os retiros ao estilo Goenka mencionados acima envolvem dez dias em silêncio total em grupo) ou preferiria momentos de silêncio com períodos para se relacionar com os demais participantes?

Se há professores que você admira, nada melhor do que praticar com eles. Recomendo que aprenda mais sobre Dalai Lama, Pema Chödrön, Jack Kornfield, Tara Brach, Sharon Salzberg e Ajahn Amaro. Se puder comparecer a um retiro com algum professor mestre, vale a pena.

Pessoalmente, gosto do Village des Pruniers porque os monges e monjas encarregados também vivem em seus monastérios o ano todo e dedicam suas vidas inteiras ao desenvolvimento da atenção plena e da compaixão, fazendo votos de pobreza e castidade para direcionar toda a sua energia à prática. Esses retiros são como se juntar durante um tempo a uma comunidade de pessoas que integraram a atenção plena em todos os aspectos da vida.

Além disso, os retiros no estilo do Village des Pruniers não são focados apenas na meditação silenciosa. Mas você é encorajado a tratar todos os momentos do dia como uma forma de meditação. Isso inclui práticas de canto, caminhadas, estudo de ensinamentos, discussões em pequenos grupos e refeições. Para mim, o foco em trazer a atenção plena para muitas atividades diferentes me ajuda a integrar mais plenamente a prática em minha vida diária. No entanto, requer disciplina significativa. Como é menos estruturado do que outros retiros, você deve confiar em sua própria diligência para tratar cada momento como uma meditação. É diferente dos retiros ao estilo Goenka, muito estruturados, ou de um *sesshin* em um centro Soto Zen, no qual você pode praticar sentado em silêncio dez horas por dia.

Há muitos espaços maravilhosos em todas as partes do mundo. Recomendo experimentar diferentes tipos até encontrar um de que goste, e então fazer o possível para passar pelo menos alguns dias ali todos os anos. Quando entrei para a Ordem de Interser, assumi o compromisso de passar pelo menos sessenta dias em prática a cada ano. Isso equivale a um dia inteiro de prática por semana e dois retiros de cinco dias por ano. Sempre que possível, tento passar longos períodos estudando em Village des Pruniers.

Prática momento a momento

É possível aprender a se sentar, caminhar e respirar de maneiras que tornam a felicidade e a paz acessíveis em qualquer momento da vida. Quando Thich Nhat Hanh foi ordenado pela primeira vez como monge budista, em 1942, no Vietnã, ele recebeu um pequeno livro de poemas. Instruíram-no a decorar tudo para que pudesse recitá-los ao longo do dia. Havia um poema para acordar, um para se vestir, um para lavar o rosto e assim por diante. Essa foi sua introdução ao treinamento monástico budista. Eles eram lembretes para levar a atenção e a compaixão a todas as ações e a todos os momentos da vida. Thich Nhat Hanh adaptou esses poemas para uso contemporâneo em seu livro *Momento Presente Momento Maravilhoso*. Este é o poema para acordar:

Quando acordo pela manhã, sorrio.
Vinte e quatro novas horas estão diante de mim.
Prometo viver completamente cada momento
e olhar para todos os seres com olhos de compaixão.

Imagine abordar cada momento da vida dessa forma. Acordar cheio de gratidão e se maravilhar com o milagre de estar vivo. Ao sentar-se na cama, você está profundamente consciente de todas as sensações do seu corpo. Aprecia os lençóis e cobertores macios e percebe a temperatura agradável em sua pele. Faz uma pausa e conta dez ou doze respirações conscientes, sem pressa, com um grande sorriso por ter ar limpo e pulmões que funcionam. Enquanto toma banho, você aproveita ao máximo a experiência. Ao comer o café da manhã, está presente durante cada mordida e aproveita o sabor e a textura. Você se sente tomado de gratidão por ter comida suficiente. Cada ação e momento da vida se tornam um milagre.

Essa prática também é possível quando a vida está difícil. Ao ficar preso no trânsito a caminho do trabalho, você pode desfrutar da respiração e da sensação de relaxamento em seu corpo. Também pode se sentir grato pelos professores e exercícios que o ajudam a sentir-se feliz naquele momento. Quando olha para o relógio e vê que está dez minutos atrasado, você pensa: "Estou indo o mais rápido possível, uma hora eu chego." Você não tem pressa. Inclusive, diz a si mesmo: "Estou chegando plenamente a todos os momentos, bem onde estou." Ao chegar ao trabalho, sente-se renovado e cheio de alegria.

Se isso tudo soar um pouco forçado, escolha pelo menos uma atividade diária para realizar com atenção. Pode ser comer uma refeição em silêncio ou sair para uma caminhada consciente. Há muitas maneiras diferentes de meditar enquanto anda, mas a que Thich Nhat Hanh recomenda é praticar chegar ao instante presente a cada passo. Em vez de caminhar para chegar a algum destino, você apenas desfruta o momento.

O apoio da comunidade

Quando pratica sozinho, você depende de sua própria força de vontade para evitar se deixar levar por maus hábitos. No entanto, um grupo de pessoas com o mesmo objetivo pode fornecer um impulso coletivo que ajuda a viver em harmonia com seus valores. Se você se senta para meditar só, pode ficar entediado ou distraído e levantar-se depois de cinco minutos. Em grupo, você consegue ficar sentado por mais tempo sem grandes dificuldades.

Prática diária formal

A prática diária formal é o tempo que você separa todas as manhãs ou noites para cultivar quaisquer qualidades que queira desenvolver em si mesmo. Elas podem incluir meditação sentado ou andando, oração, canto, estudo de textos espirituais ou inspiradores, tai chi chuan, ioga ou ouvir o som de um sino. Ao estudar os ensinamentos, leia devagar. Reflita sobre o que está lendo e procure aplicar as instruções à sua vida em vez de apenas acumular conhecimento.

Experimente diferentes técnicas para descobrir o que funciona melhor no seu caso. Thich Nhat Hanh tem um livro chamado *Chanting from the Heart: Buddhist Ceremonies and Daily Practices* que descreve práticas formais alternativas. Existem tantas formas de meditação que acredito que todo mundo pode encontrar a sua. Se ainda não descobriu uma da qual goste, continue procurando. Você vai encontrar.

MODELOS DE PRÁTICA

Na minha experiência, as pessoas que começam a meditar em geral se enquadram em três categorias. Vou descrever cada uma delas e oferecer algumas recomendações específicas para cada caso.

Um passo de cada vez

Se você gosta de começar devagar e avançar aos poucos, aqui estão algumas opções que eu recomendaria.

Opção 1. Passe cinco minutos por dia com alguma das práticas deste livro ou então releia-o e reflita. A maioria das pessoas acha que o momento mais conveniente para períodos curtos de meditação é logo ao acordar ou pouco antes de dormir. Use um calendário ou um diário para acompanhar com que frequência você consegue fazer isso. Depois de uma semana, aumente o tempo de exercício para dez minutos. Quando se acostumar, aumente para vinte. Uma vez habituado, comece a procurar um grupo de meditação ou um retiro mais breve.*

Opção 2. Faça download de um aplicativo de meditação em seu telefone.* Aumente seu tempo de prática aos poucos ao longo de um mês. Depois que vinte minutos por dia se tornarem um hábito, procure um grupo de meditação ou um retiro mais breve.

---

* Recomendações em www.timdesmond.net [N.A.].

Gregário

Se você acredita que terá mais facilidade para praticar com o apoio de uma comunidade, busque um grupo de meditação ou de um retiro mais breve.* Faça dessa comunidade a âncora de sua prática. Em seguida, tente se acostumar a praticar sozinho entre as sessões em grupo.

Nasci para isso

Algumas pessoas aprendem os exercícios e é amor à primeira vista. Foi esse o meu caso, e minha única dúvida foi como me aprofundar o mais rápido possível. Se é assim que você se sente, aqui está um plano de ação:

- Sessenta dias de retiro por ano. Isso pode ser feito com retiros mais longos ou reservando um dia por semana. Você pode praticar em grupo ou em casa, sozinho. O mais importante é dedicar o dia inteiro à prática, do momento em que acorda até a hora de dormir.
- Vinte minutos de meditação sentada ou caminhando pela manhã, e também à noite todos os dias.
- Encontre um grupo de meditação de que goste e torne-se um membro ativo.
- Preste atenção às sensações perto do coração o máximo possível ao decorrer do dia. Quando notar qualquer aperto ou peso, pare o que estiver fazendo e envie alguma compaixão a si mesmo. Pratique assim até seu coração ficar mais leve outra vez.
- Pelo menos uma vez ao dia, pare e pergunte a si mesmo o que lhe traria mais alegria naquele momento. Apenas ouça a resposta que surgir, sem julgamentos. Então pergunte se

---

* Recomendações em www.timdesmond.net [N.A.].

há algo que traria ainda mais alegria do que sua primeira resposta. Continue repetindo até obter clareza e depois faça o que lhe trouxer mais alegria. Essa é uma forma de ser generoso consigo mesmo.

GUIA PARA A MEDITAÇÃO SENTADA

Sente-se em uma posição confortável de olhos abertos ou fechados. Seja em uma cadeira ou em uma almofada no chão. Muitas pessoas acham que sentar com a coluna reta ajuda a se sentirem mais alertas.

1. Comece prestando atenção em sua respiração. Siga as sensações físicas do ar entrando e saindo do começo ao fim de cada respiração. Repita isso várias vezes enquanto traz a mente de volta ao corpo e ao momento presente. Permita-se desfrutar da sensação de sua respiração e reconheça que ela pode ser agradável.
2. Após um período de concentração na respiração, direcione a compaixão a si mesmo no momento presente. Analise seu corpo e sua mente em busca de qualquer desconforto. Se houver tensão física ou sofrimento emocional, conduza compaixão a eles. Continue enviando compaixão a si mesmo e, mais especificamente, a seu sofrimento, até não encontrar mais nenhuma aflição em sua mente ou corpo.
3. Por fim, passe alguns minutos apenas saboreando essa profunda experiência de bem-estar.

GUIA DO USUÁRIO PARA O CAOS E O HORROR

Apenas alguns anos atrás, eu jamais poderia ter escrito este livro. Quando Annie e eu chegamos ao MorningSun Mindfulness Center, havia tantas coisas positivas em minha vida que eu sentia que tudo era muito fácil. Eu praticava meditação várias horas por dia e estava cercado por uma comunidade. Mesmo nos dias de quinze horas envolvido na organização Occupy Wall Street, eu me sentia leve e alegre a maior parte do tempo. Mas isso foi naquela época.

Conforme a saúde de Annie vai piorando e nosso filho está prestes a completar 5 anos, minha prática hoje em dia é menos para conseguir caminhar sobre as águas e mais para não morrer afogado. O caos e o sofrimento na minha família me forçaram a aprofundá-la, e sou grato por isso. Sei que não sou o único que corre o risco de ser vencido pelo sofrimento — pela tragédia pessoal, bem como pela violência e opressão no mundo. Ofereço este livro na esperança de que minha experiência seja benéfica de alguma forma.

Neste momento, espero que sejamos capazes de sentar em meio à tempestade, totalmente presentes. Que possamos trazer toda a nossa atenção para o aqui e agora, embora o hoje esteja cheio de incerteza e dor. Que consigamos permitir que o corpo reaja da maneira que quiser, sem pedir que ele seja diferente do que é, contemplando a ele e aos sentimentos com total amor e aceitação, apreciando a beleza da vida em todas as suas formas.

Que todos nós possamos ser felizes. Saudáveis. Seguros. E amados.

POSFÁCIO

Em 18 de dezembro de 2018, Annie faleceu. Ela passou suas últimas semanas cercada de amigos e familiares, despedindo-se com um sorriso radiante.

Depois de toda essa experiência, sinto tremenda gratidão por todos os professores que me ensinaram a cuidar da minha dor e da minha perda com compaixão. Graças a eles, vejo que Annie não foi embora. Continua em sua marca no mundo — todas as pessoas cujas vidas ela mudou.

Se pudesse, acredito que Annie nos pediria para nos lembrarmos dela ao amarmos sem medo e fazermos o possível para apoiar aqueles que estão sofrendo. Isso é exatamente o que pretendo fazer.

AGRADECIMENTOS

Tudo o que aprendi, devo a Thich Nhat Hanh, aos monges e às freiras de Village des Pruniers, e aos outros professores espirituais que tive a sorte de conhecer em minha vida. Mal posso expressar a profundidade da minha gratidão a eles.

Este livro não seria possível sem o apoio de todos no MorningSun Mindfulness Center, bem como da comunidade de ativistas e organizadores com que tive a sorte de trabalhar no movimento pela paz, justiça e regeneração ecológica. Sem vocês, minha esperança e meu idealismo teriam morrido há muito tempo.

Sou grato a Stephanie Tade e Sydney Rogers por acreditarem em mim e neste projeto.

Mais importante, agradeço às gerações passadas e aos nossos mortos queridos. Nós somos as ondas e vocês são a água.

Este livro foi impresso pela Assahi, em 2020, para a HarperCollins Brasil. O papel do miolo é pólen soft 80g/m², e o da capa é cartão 250g/m².